本书系天津市教育科学“十三五”规划课题
《中学语文生命课堂的实践研究》的应用推广成果

中学语文

生命课堂
教学创新实践

张晓初　张　妍　主编

图书在版编目（CIP）数据

中学语文生命课堂教学创新实践 / 张晓初，张妍主编. -- 天津 : 天津社会科学院出版社，2022.5
ISBN 978-7-5563-0825-5

Ⅰ. ①中… Ⅱ. ①张… ②张… Ⅲ. ①中学语文课－课堂教学－教学研究 Ⅳ. ①G633.302

中国版本图书馆 CIP 数据核字(2022)第 089395 号

中学语文生命课堂教学创新实践
ZHONGXUE YUWEN SHENGMING KETANG JIAOXUE CHUANGXIN SHIJIAN
选题策划：柳　晔
责任编辑：柳　晔
责任校对：王　丽
装帧设计：高馨月
出版发行：天津社会科学院出版社
地　　址：天津市南开区迎水道 7 号
邮　　编：300191
电　　话：（022）23360165
印　　刷：北京建宏印刷有限公司
开　　本：787×1092　1/16
印　　张：16.5
字　　数：255 千字
版　　次：2022 年 5 月第 1 版　2022 年 5 月第 1 次印刷
定　　价：68.00 元

让教育绽放生命的光彩

康岫岩

韩愈有言:“养其根而俟其实，加其膏而希其光。根之茂者其实遂，膏之沃者其光晔。”教育，其根本是对生命进行内在滋养，生命有所涵养，果实必然丰美。对于教育而言，如何涵养学生的“生命”，使其富有意义与价值，始终是值得关注与研究的重大命题。

在数十年的办学与教学实践中，身边无数的事例使我深感“生命”之于教育的重大意义，我也由此提出了“生命高素养教育”的办学理念。实际上，教育的意义，就在于基于学生生命，通过显性或隐性的教育途径，来培育学生生命，发掘学生生命潜能，提升学生生命价值，使受教育者身心健全，志存高远与自强不息并进，人文素养与科学素养兼备，创新思维与实践能力均强，实现由“自然人”到“社会人”的转变。在当前新课程改革和“双减”的双重背景下，为了实现提升学生“生命素养”的教育目的，“以学生为主体”“以教师为主导”的教育方式，显然应得到进一步探索与应用，与此同时，作为教育载体的课程更应当发挥助力教育发展的重要作用。在教育中，只有“以课程为核心”，将“生命课堂”的理念贯穿于课程之中，才能够真正实现“生命高素养”的教育理想。因此，在教学目的实现的过程中，将提升学生“生命素养”作为理念主导来进行课程设计与编写就显得至关重要。

本书收录中学语文教学设计案例，涵盖初高中两个学段，涉及不同文体，从不同角度对教材予以解读，运用多种方法实施课程标准。对比传统教学设计，这些课程案例在内容与方法上都体现出教师通过语文教学增强学生工具性素养以及人文关怀与价值观的努力，是对“生命课堂”理念进行探索的有益尝试。

本书中的教学设计，在内容方面，以提升学生“生命素养”为根柢，体现出对自然生命的探索、爱护与尊重。书中的教学课例，无论文章解读类，抑或作文指导类都与生活息息相关，在课程三维目标设定上，不仅着眼于提升学生的基本语文能力，而且致力于透过文本发掘生命内涵，增强学生的感知能力与生命阅历。如此使学生首先能够体悟到生命之可贵，进而产生良好的个体认知并体悟到生命的价值，此后将进一步生发自身道德感与责任感以及对他人、社会的爱心。这些教学设计，都体现出对学生“生命素养”进行培养的努力。

这些教学设计，在教与学的方法运用上，体现出遵循“生命规律”的特点。书中的课例，运用“六步三阶段”教学方法，能够使学生在“理解新知识”——“知识的巩固和转化”——“知识的应用”这样一个顺应个体知识建构规律的流程中，将知识转变为个体能力与生命经验的一部分，从而完成一种顺应“生命规律”式的教学。此外，教学设计大多是教师先学后教，反复研究过的产物，从中可见思维的缜密性与逻辑的严谨性。课程环节的设计一方面有针对性，能够适应学生该年龄段的身心发展特点，既不“超前”也不“滞后”，并且在适宜之时，能够运用“关键期”理论促进学习能力定向发展。另一方面具有趣味性，激发学生学习兴趣，教学过程符合学生知识学习、技能形成的客观规律。

此外，这些教学设计在作用层面，也体现出“个体教育功能”与“社会教育功能”共同推进的特点。教学设计中无论是朗读、文本分析、口语表达、写作还是知人论世、情感体悟，实际上都以学生的“个体教育功能”为导向，试图提高学生的生存能力，促进学生“个体生命”的不断完整与充盈，完成“修身”之本。而教学设计中所设置的深层主线，以及诸多教学设计中传达出的价值观，实际上又与社会密切相关，能够帮助学生在树立个体意识的基础上，使其具有“齐家治国平天下”的憧憬与理想。

《中学语文生命课堂教学创新实践》一书是张晓初老师主持的天津市教育科学“十三五”规划课题的研究成果，课题研究从2016年立项到2019年结题，历时三年多的时间，又从2018年酝酿到2022年付梓同样历时三年多的时间。可以说，研究的过程正是不断丰富“生命”的过程。学生“独上高楼，望尽天涯路”之时，他们的人生已经起航，在学习中，即便“消得人憔悴”，却也是在不断丰富外在能力与内在生命体验，而当学识素养与人生历练达到了一定深度，相信学生们“蓦然回首”，必然能够窥见“灯火阑珊处”的生命之美，也能感受到内蕴于生命中的璀璨流光。这个使学生不断完善自身生命价值的过程，正是“生命课堂”的价值所在，也是“生命高素养教育”理念中的应有之义。相信在这种教育理念的培育下，学生能够在专注的学习中取得于世间安身立命的根本，在探索世界的过程中获得读书人心灵的坚毅，也可于润物细无声的滋养之中得到灵魂的提升。

目　录

理论篇

实践篇

理论篇

《中学语文“生命课堂”的实践研究》研究报告①

新课改以来，围绕学生作为主体中学语文课堂正在不断实施改革，而其中自主、合作、探究的学习方式渐趋得到教师的认可和推崇。面对我国教育改革逐步迈入“深水区”，教育发展呈现出更加复杂的环境，如何寻求新的改革举措、探索创新显得难上加难。在这样的时代背景下，身为语文教育工作者的我们不禁要思索：如何让语文课堂焕发新的活力？

对于这一问题，“生命课堂”理论提供了一种可行的解答。关于生命课堂的理解，它应该是师生共同学习探究、发展能力、丰富心灵、情意交融的课堂，而这一“生命课堂”应该成为师生教学活动中的重要组成部分。与传统的知识课堂相比，生命课堂侧重对个体生命综合发展的关注：体现在教学内容上，应该是保证课堂与生活的紧密联系，注重知识的生成；体现在教学过程中，则要求教师重视预设情境，鼓励学生完成自主学习。

树立课堂的生命教育理念，即教师是主导，学生是主体，建立主导、主体双优化的过程。在此之上，构建语文生命课堂教学模式，并在教学实践中，真正促进学生学习方式和教师教学行为的转变。

一、研究成果的主要内容和重要观点

（一）具体研究成果

《课外名著阅读教学的提升策略初探》（张晓初、杨博雅、杨晓东），《语文教学通讯》2018年第2期。

《中学语文生命课堂的五个基本特征》（张晓初、杨博雅、张妍），天津市

① 《中学语文“生命课堂”的实践研究》（BE3184）是天津市教育科学“十三五”规划课题，该课题于2019年4月顺利结题。

教科院学报2018年第2期。

《从“三维目标”到“核心素养”——对语文教学目标沿革与发展的探究》（张晓初），《语文教学通讯》2018年第9期。

《基于语文课程标准的初中课外名著阅读教学现状调查分析》（张晓初），《语文教学研究》2018年第6期。

《“生命课堂”理念下中学语文教学模式初探》（张雨晴），《天津教研》2018年第4期。

《生命课堂理念下天津市中学语文课堂教学现状调查》（经鑫），收入案例集《中学语文生命课堂教学设计50例》。

（二）研究成果的主要内容和重要观点

1. 中学语文“生命课堂”的理念内涵界定

相较于传统的“知识课堂”概念而提出，指教师和学生在课堂教与学的过程中，将课堂生活视为自我生命中的重要构成部分，师生在课堂生活中共同学习知识、探究问题、展示智慧、提升能力、交融情意、涵养人性，让传统课堂变为师生的生命价值得以体现，心灵得以丰富，人生意义得以彰显的快乐殿堂。

2. 中学语文“生命课堂”的五个基本特征

中学语文“生命课堂”的五个基本特征，即重构整体性、尊重差异性、肯定自主性、鼓励生成性和提升超越性。

（1）重构整体性。语文“生命课堂”的整体性重构讨论的正是知识与生命之间的关系。知识与生命必须进行有意义的联结，这样学生才能实现有意义的学习，也即理解知识的同时对生命有所感悟。2011年教育改革后的课程目标由原先的强调“双基”的训练转变为“知识与能力”“过程与方法”“情感态度与价值观”三位一体的设定，即是对知识与生命之间关系的重新建构。故在教学实践中，我们可以借助师生之间的情感共鸣，使其成为沟通教师、学生和文本之间的桥梁。

（2）尊重差异性。我们将看到的、想到的通过语言或者文字的形式表达出来，既是本性的一种抒发，也是后天经验习得的外在表现，因此所呈现的内容必然千差万别。然而在教学实践中，我们常常发现大量学生存在面对语文素材无话可说、无文可作的现象，更不要提“一千个读者有一千个哈姆雷特”了，这恰恰是因为受到传统语文教学活动中时刻强调的“文以载道”这一统一性的约束，使得本性的抒发变成了人性的压抑，所以生命课堂必须是能够唤起学生自身生命真实感受的，在合理引导基础上具有差异性思考的活的课堂。

（3）肯定自主性。有学者将自主性解读为三种主要元素，即情意自主性、认知自主性和行为自主性。情意自主性体现在学生学习是出于趣味和个体价值，而非单纯追求成绩或满足家长的攀比心，这就要求教师在教学过程中发现学生真实的自我和独特的偏好，并因势利导，肯定这种自主性。认知自主性是对知识和技能的选择，体现在教学内容上，教师应避免过于规约，给学生可选择的空间，鼓励学生独立思考。行为自主性是学生实践层面上对前两种自主性的现实转化和检验。只有这三者相结合，才能称为完整的自主性，让语文学习成为学生自主自由的生命活动。

（4）鼓励生成性。我们需要重新审视的是知识获取的过程。中学语文“生命课堂”应该是动态生成的、无止境、无边际、不可测的课堂。同时，教学中的偶发事件常常成为教师丰富课堂容量、增大课堂空间的有力武器。在生成中，教师与学生是建立在平等关系之上的合作者、对话者。由“我”变为“我们”，学生与教师之间不再是客体与主体之间的关系，对话或者合作的目的不是简单的知识传递，也不是为了达到某种共识，而是视野的开阔、智慧的碰撞与生命的交融。

（5）提升超越性。超越性是人的内在属性，生命就是在自我否定、自我超越的过程中不断发展着自身。教育的精神就是要不断激发这种本性，唤醒学生的超越意识，培养他们的超越精神，这是生命超越性对于教育的要求，也是语文教育从工具走向人文关怀的必然之路。

3. 中学语文“生命课堂”的教学模式建构

在“生命课堂”概念的统摄下，中学语文教学的课程应该是开放性的、生成性的，教学过程应是具有灵活性、创造性的，教学目标应具有自觉性与人文性。因此，在此种理念的主导下，中学语文教学总模式可具体分为如下几个阶段。

第一阶段，“定向—自主发现阶段”。在这一阶段，学生将通过“注意与预期”“激活原知识”“选择性知觉”“新信息进入原有命题网络”几个基本环节，实现学习定向、学习动机的激发、自主选择学习信息以及接受新知。在这一阶段的语文教学中，学生将通过自觉的初步感知，首先被唤起语文学习的意识与兴趣，并在具体接触语文新知的过程中，自觉选择与原有认知体系以及个人生命相契合的观点与知识进行感知。在此过程中，教与学都是建立在学生自主发现与接受的基础之上的，学生将一改此前被动接受知识的“被灌输”“被束缚”状态，将在充分调动自我感知与自我意识的基础之上，通过个体的自主预期、自主定向、自主探索的方式展开语文学习，以实现语文知识的“自主选择与自主建构”。

第二阶段，“巩固—转化阶段”。在这一阶段，学生将进行“认知结构重建与改组”或进行“变式练习，知识转化为技能”，以实现有选择性的自主建构知识网络。在此阶段，学生会在主动探索新知的过程中，有选择性地将与个体发展有密切关联的语文知识纳入自己的认知体系中，并通过“自我阐释”与“自我内化”将更具宏观性的“大语文”认知体系建构得更加完善。或是利用已经习得的语文知识进行变式练习，将知识与个体生命更加紧密地联系起来，以实现语文知识的现实性转化。在此过程中，学生会更进一步将课堂中的语文知识与自己的个人经验结合起来，语文也由单纯的“知识”进一步转化为“语文素养”。

第三阶段，“应用阶段”。在此阶段，学生将通过“根据线索提取知识”或“技能在新的情境中应用”实现知识的实践性掌握与转化。在这一阶段，学生会将已经习得、内化为自己认知体系一部分的语文“工具性”知识以及“人文性”知识在新的情境现实情境中加以利用，在使用知识的实践过程中，真正实现语文新知的掌握、语文素养的提高以及个人人文内涵的整体性丰富与提升。在此过程中，学生也将更大程度地将语文与个体的生命经验联系起来，个人的“主体经验”“人文经验”“生命经验”都将得到丰富，语文教学也将最大限度地凸显其内在价值，焕发出它应有的活力与灵性。

1.“生命课堂”理念下的初中语文教学子模式

在“生命课堂”中学语文教学总模式的主导下，初中语文教学应在培养学生宏观的“语文素养”的前提下，注重课堂的整体性、生成性，关注初中学生的基本心理发展阶段与具体学情。据此，在总理论的指导下，初中语文教学子模式如下。

首先，“定向—自主发现阶段”包括两项内容。第一，“介绍性课初演讲”。在这一环节，学生将在课前就本课的应学内容进行自主阅读，自主进行相关资料收集及课文内容梳理工作，找出课文中自己的关注点与兴趣点，结合已有资料提出问题，表达个人观点，并将以上课初探索整理为演讲稿，于课上展示给其他同学。在这一环节，学生将在资料准备与初次阅读的过程中自觉唤起已有的语文知识与经验，并通过自主选择使真正为个体所需的语文知识进入学生的思维之中。第二，“美文式自主诵读”。在这一环节，学生将打破传统课堂存在的既有束缚，改变学生阅读只能跟随教师思路的教学现状，而去进行美文式的自主诵读。学生可以在课前自主探究的基础上，选择自己感兴趣或与自己生活经验密切相关的文本片段进行细致诵读，通过反复有感情地诵读“享受阅读带来的乐趣”，形成对文学文本直观而深入的理解，实现“由外而内的吸收借鉴”。在此过程中，学生可自主勾画圈点符合自己审美倾向的文学性语句，此后据此提出阅读中存在的疑惑。

此后，进入“巩固—转化阶段”，此阶段亦包括两项内容。第一，“引导性合作探究”。学生将阅读中遇到的问题交由小组，由小组内部进行细致的合作探究，学生也可将自己的个人观点进行组内陈述，加强不同观点之间的交流沟通，学生还可以将阅读中的个人感受大胆提出，供小组成员内部讨论交流。在此过程中，基于初中学生思想与解决问题的能力尚未完全成熟的状况，教师有必要在适当的时候进行引导，以便使学生的合作探究能够真正帮助其将已习得的语文知识进行实践性转化。第二，“口头式汇报交流”。在这一环节，学生将小组内引导性自主探究的成果以口头表达的方式呈现出来，在表达的过程中，可辅以学生自主收集整理的文本、资料、数据、图形的展示，并要求学生在表述过程中做到有理有据。汇报交流的过程也是锻炼学生将已习得知识进行实际运用的过程。在此过程中，学生将充分调动自身的探索力、创造力与想象力，真正实现独立思考与自由表达。

最后，进入“应用阶段”。在此阶段，学生将获得拓展阅读资料，并在课后利用课上自主探究所学到的阅读方法、阅读技巧进行深度阅读，同样自主创设问题、自主发表观点、自主提出疑惑，将拓展阅读的成果以书面文字形式整理笔记，实现语文知识的初步运用。并进一步要求学生将文本内容与广阔的生活实际相联系，自主创设情境，将拓展阅读的材料与现实生活中的情境相对比，并据此撰写小作文，抒发自己内心的真情实感。真正做到不仅让学生掌握教材中的知识，还要通过教材这个载体，将“学生的视野引向外部世界这一无边无际的知识海洋”，通过“有字的书”将学生的兴趣引向“外部广阔世界这一¬无字的书㇄”，使原先只能体现语文“工具性”的知识型课堂转为能体现语文“人文性”的“生命课堂”。

2.“生命课堂”理念下的高中语文教学子模式

在“生命课堂”理念的指导下，高中教学模式也应该做到将“生命”的理念贯穿其中，并且与初中教学模式保持一定的连贯性与继承性。据此，“生命课堂”理念下的高中语文教学子模式如下。

首先，在“定向—自主发现阶段”，高中教学模式延续了初中教学模式的基本框架。第一，“观点性课初演讲”。在这一环节，学生仍旧在课前就本课教学内容进行自主阅读，通过自主梳理课文内容并收集作家、背景、作品的相关资料。但高中阶段的课初演讲应更加注重个人观点的提出，学生结合语文文本找出关注点与兴趣点后，应通过查阅大量的文献资料提出具有个人独立见解的问题，并在独立思考的基础之上，将具有鲜明个性的观点呈现出来，在课上通过“课初演讲”展现给其他同学。第二，“独立式自主阅读”。在这一环节，高中教学模式将在初中“美文式自主诵读”的模式上进一步深化，真正做到使学生在阅读语文文本的过程中能够独立思考、自主阅读。学生可在课前阅读大量文献资料的基础上，选择自己感兴趣同时具有一定思想深度的问题去进行探究，圈点勾画文学性语句并作出自己的阐释，自主创设与文本内容相关的“有效性”问题，提出阅读中存在的部分疑惑。

其次，在“巩固—转化阶段”，高中教学模式同样在初中教学模式的基础上进行深化。第一，“自主性合作探究”。学生将自主创设的问题进行汇总，小组内部对提出的问题进行筛选，选出具有代表性的问题集中加以解决。同时，学生还应将自己在阅读文学文本时产生的不同感受在组内提出，在掌握理论资料的前提下与组员进行针锋相对的自主探讨。并且，学生还可以将阅读中出现的疑惑，同样由小组成员内部讨论自行解决，由此实现“尊重学生学习的主体地位和个性化的阅读经验”的目的。第二，“多样化汇报交流”。在这一环节，学生将自主合作探究的成果进行整合，将文本、资料、数据、个人观点快速整合为一篇思路清晰、观点明确的交流稿，并在课上以交流稿为依据进行小组间的多样化汇报交流。在此过程中，学生能够较为充分地掌握语文的“工具性”知识，同时也能够掌握语文的“人文性”知识。

最后，在“应用阶段”，学生将进行“拓展阅读”与“情境写作”。第一，“拓展阅读”。学生在进行拓展阅读时，仍旧要利用查阅资料、自主阅读、提出观点、自主解决等基本阅读技法进行拓展训练，并且在阅读过程中，不断尝试新方法，以此实现语文知识的现实性运用。第二，“情景写作”。学生要将在文学文本中吸取的写作技法用于情境写作之中，要将借由文本感受到的真情实感写入作文中，也要对处于具体情境中的人的真实处境进行深度思考，并表达自己的独立观点，以此实现语文“人文性”经验的现实性转化。

二、研究成果的价值

（一）理论价值

语文生命课堂以学生为主体，深入思考“语文课堂”与“生命”之间存在着的关系，辨析“语文课堂”对个体生命体验的影响，探究生命时间的质量，为语文课堂上个体成长提供更为广阔、丰富、有内涵的言语和语言空间，让语文课堂成为唤醒生命，滋养生命，丰富生命的园地，这是具有时代意义的命题。

（二）应用价值

对中学语文“生命课堂”的实践研究，有利于学生学习方式的转变，有利于教师教学理念的更新，有利于语文教师更好地使用教材。依托具有生命理念的教学设计开展语文生命课堂教学实践，为下一步的推广奠定基础。

三、研究成果的创新

第一，探讨中学语文“生命课堂”的内涵、基本特征等。

第二，在生命教育视野下，整理教学设计案例集。立足于中学语文课堂，纵贯初中、高中学段，努力构建生命课堂的有效策略。

（本文作者：杨博雅　张晓初）

生命课堂理念下天津市中学语文课堂教学现状调查

一、研究背景

课程改革以来，中学语文课堂发生了许多变化，以学生为主体，自主、合作、探究的学习方式逐渐得到了教师的认可和推崇。如今，我国的教育改革已经步入“深水区”，教育发展的环境更加复杂，改革举措实施和创新探索的难度进一步增加。新的时代背景下，无数语文教育工作者在追问，在思索：如何让语文课堂焕发新的活力？

对于这一问题，生命课堂理念提供了一种可行的解答。20世纪90年代，叶澜先生第一次提出从“生命”的角度重新审视课堂教学，提出应突破传统课堂，从生命的层次，以动态的、生成的眼光，构建新的课堂观，重视师生的个体生命价值，发挥师生双方的生命活力，从而让课堂焕发出新的活力[①]。2003年，王鉴教授正式提出“生命课堂”概念，倡导以人为本的课堂。随后，学者们就生命课堂的理念与实践进行了长期、深入的研究。

对生命课堂的内涵，学界尚未形成统一的观点。一种观点认为生命课堂是一种价值追求，如叶澜先生指出：第一，生命价值是教育的基础性价值，教育具有提升人的生命价值和创造人的精神生命的意义；第二，生命的精神能量是教育转换的基础性构成，教育活动就其过程的本质来看是人类精神能量通过教与学的活动，在师生之间、学生之间实现转换和新的精神能量的生成过程；第三，师生主动、积极地投入学校各种实践，是学校教育成效的基

① 叶澜.让课堂焕发出生命活力——论中小学教学改革的深化[J].教育研究，1997(9)：3-8.

础性保证，是人的发展的重要内在保证，也是人的生命特征的本真体现①。另一种观点重在阐释生命课堂的具体内容。如夏晋祥指出，生命课堂是师生共同学习探究，发展能力，丰富心灵，情意交融的课堂。生命课堂中，师生把课堂生活作为自己生命的一段重要的构成部分。②关于生命课堂的特征，王鉴将其概括为以下四点：一是开放、多元、生成；二是教师成为研究者；三是学生成为学习的主人；四是教学活动充满创造性和有效性③。

生命课堂的实践研究方面，主要有叶澜教授的"新基础教育实验"、肖川教授的"生命教育研究"、郭思乐教授的"生本实验"。另有众多学者和教师在教学一线进行着生命课堂理论与学科教学相结合的实践探索，他们也为生命课堂理论的落地提供经验，如王玲玲、熊岚在核心素养理念下提出了生命课堂的具体实施路径，即创设教学情境，告别"宏大叙事"，创新"评价导向"，转变"学习范式"，引入"事件思维"④。

综合学者们的观点，与传统的知识课堂相比，生命课堂更加关注个体生命的全面发展，教学内容上，注重课堂与生活的联系，注重生成，教学过程上，重视情境创设，鼓励自主学习。本研究以生命课堂理念为理论依据，对中学语文课堂教学现状展开调查，以期发现当下中学语文课堂教学中存在的问题，并提出相应的改进建议。

二、研究方法

（一）调查对象

本研究的调查对象包括两个群体：一是1551名天津的中学语文教师，教龄涵盖5年以上至31年以下，现任教年级涵盖初一到高三，涉及范围较广，具有普遍性。二是这些教师所教班级的部分学生，共7791人，其中男生占

① 叶澜.重建课堂教学过程观——"新基础教育"课堂教学改革的理论与实践探究之二[J].教育研究，2002(10)：3-7.

② 夏晋祥."生命课堂"理论价值与实践路径的探寻[J].课程·教材·教法，2008(1)：26-30.

③ 王鉴.课堂重构：从"知识课堂"到"生命课堂"[J].教育理论与实践，2003(1)：30-33.

④ 王玲玲，熊岚.基于核心素养的中小学生命课堂实践路径探析[J].语文建设，2018(8)：4-8.

47.77%，女生占52.23%，性别比例均衡。

表 1　LICC 模式基本要素

课程性质	关注教和学的内容。这是师生共同面对的教与学的客体
学生学习	关注学生怎么学或学的成效。这是课堂成败的判断标准
教师教学	关注教师怎样教，以哪些方法和手段促进学生发展。这是课堂成败的影响因素
课堂文化	关注整个课堂怎样。这是课堂中各要素彼此渗透所形成的氛围

表 2　调查问卷设计

维度	具体内容	对应题目（教师问卷）	对应题目（学生问卷）
课程性质	教学目标的设定、教学内容的选择	4	3
学生学习	学生课堂学习活动的形式和学习状态		4（1）—4（12）
教师教学	教师教学活动的形式，及其对学生的引导	5—12	5
课堂	课堂的氛围	13、14	4（13）、6

（二）调查工具

本研究的目的在于在生命课堂理念之下，通过对中学语文教师及中学生的调查，了解中学语文课堂的教学现状，发现其中的问题，并为中学语文课堂的改善提出建议。在设计调查问卷前，研究者进行了大量的文献分析，包括生命课堂的相关文献，课堂观察、课堂评价的量表以及其他研究者的课堂调查报告。另外，对一线中学语文教师进行访谈，了解和预设当下语文课堂中可能存在的问题。这些前期工作为本研究设计调查问卷提供了参考。

本研究调查问卷的维度参考了课堂观察的LICC模式，从课程性质、教师教学、学生学习、课堂文化四个方面，设计教师问卷和学生问卷。

（三）调查方式

利用问卷星，在全市范围内开展线上问卷调查，调查时间为三周。线上问卷调查填写结束后，回收数据，通过筛查，教师问卷得到有效数据1534份，学生问卷得到有效数据7773份。

三、数据分析

使用量化分析和质性分析的方法，对数据进行统计分析，得出中学语文课堂教学在课程性质、教师教学、学生学习、课堂文化四方面的特点，发现中学语文课堂存在的问题。

（一）课程性质

从教学目标的设定和教学内容的选择两个角度来了解中学语文课程性质的现状。

1. 教学目标的设定：关注多维，有所偏重，凸显功利化色彩

图1呈现的是教师和学生在设定语文课的教学目标时，关注到的维度数。

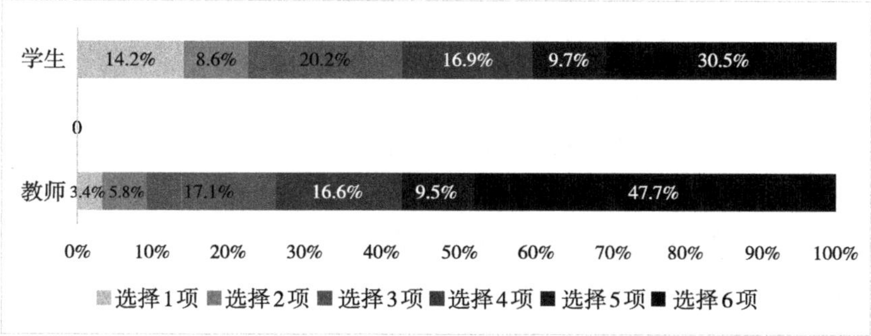

图1　师生教学目标设定情况的对比

占总样本数47.7%的教师和30.5%的学生选择了全部六个选项，他们对语文课的目标设定涵盖了语言、思维、审美、文化、综合能力和考试技巧共六个维度。90.8%的教师和77.3%的学生选择了三个及三个以上选项。仅有3.4%的教师和14.2%的学生关注单一目标的实现。说明大部分师生在设定语文课的教学目标时，可以关注到多个维度。相较而言，教师比学生的目标设定更立体全面。

图2和图3分别呈现出教师和学生对语文课教学目标的设定具体情况。

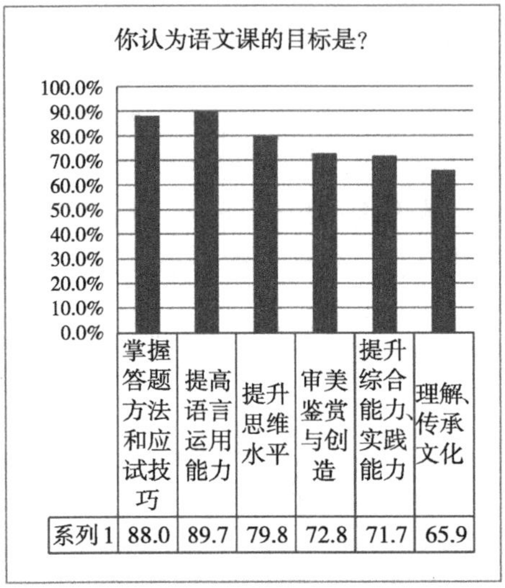

图2　教师对语文课的目标设定

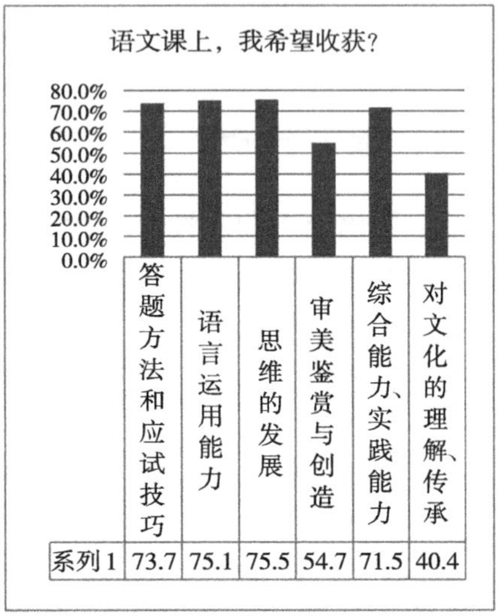

图3　学生对语文课的目标设定

由图1、图2可见，师生都非常认可“提高语言运用能力”“提升思维水平”这两个维度的目标。教师最重视“提高语言运用能力”，该项选中率为89.7%；学生最期待“提升思维水平”，该项选中率为75.5%。语言和思维是语文学习中的基础性素养，因而也成为师生最看重的教与学的目标。

而审美、文化两维度的目标则受到一定程度的忽视。在教师问卷中，“审美鉴赏与创造”和“理解、传承文化”的选中率较低，分别为72.8%和65.9%。学生问卷中，这两项的选中率则跌至54.7%、40.4%。由此可见，教师和学生在设定语文课的教学目标时，呈现出重语言、思维，轻审美、文化的特点。

另外，值得关注的是，教师和学生都不约而同地将“掌握答题方法和应试技巧”作为语文课的重要目标。教师问卷和学生问卷中，该选项的选中率均跻身前三，分别有88.0%的教师和73.7%的学生选择了这一选项。可见，在大部分师生看来，掌握一定的方法和技巧应对考试仍是语文课的重要目标之一。师生在语文课目标设定中仍存在较浓郁的应试化和功利化色彩。

2.教学内容的选择：规范、封闭、固化，忽视教师个人体验和学生需求

图4、图5呈现的是教师在备课时参考材料的选择和对教学重点的设置情况。

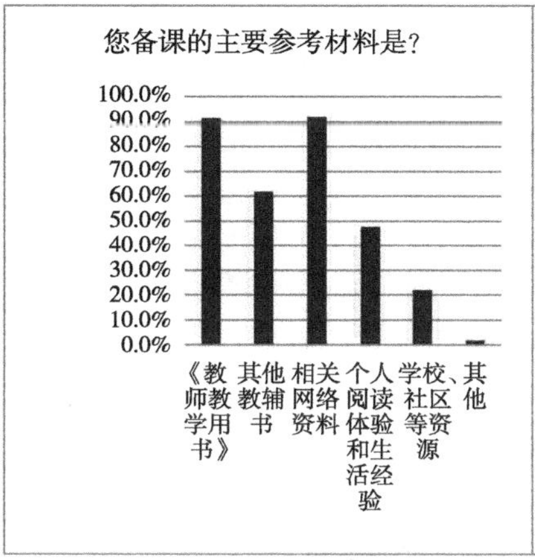

图4　教师备课参考材料

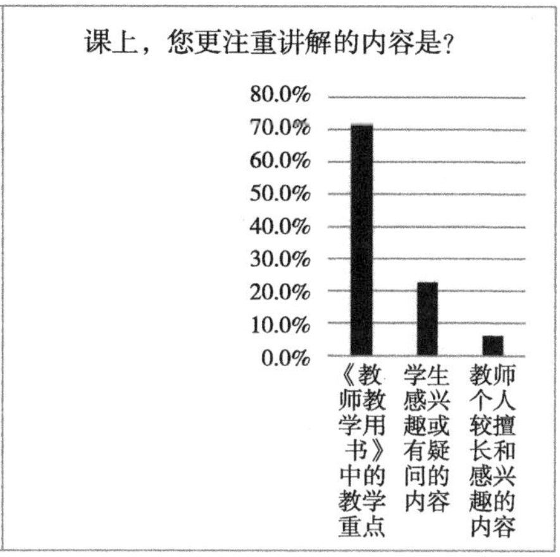

图5　教师对教学重点选择

备课参考资料的选择上，占总样本91%以上的教师在备课时会将《教师教学用书》或相关网络资料作为主要参考。占总样本61.7%的教师备课时会参考其他教辅书。备课时参考个人阅读体验和生活经验以及学校、社区等资源的教师较少，仅占总样本的47.6%和21.9%。

教学重点的确定上，大部分教师以《教师教学用书》中的教学重点为本课教学重点。占总样本22.6%的教师会重点讲解学生感兴趣或有疑问的内容。占总样本6.1%的教师重点讲解教师个人较擅长和感兴趣的内容。

据以上数据分析，中学语文课教学内容确定的现状呈现两个特点。其一，以《教师教学用书》作为重要参考，教学内容规范，但有封闭、固化的倾向。其二，教师个人体验和学生需求受到忽视。

（二）语文课堂上的学生——安静的听众

从学习兴趣和听讲情况、自主学习、参与互动三个方面调查、了解学生课堂学习情况。

1. 学习兴趣浓厚，听讲专注

由图6可见，占总样本81.2%的学生表示喜欢语文课，说明大部分学生对语文课感兴趣。

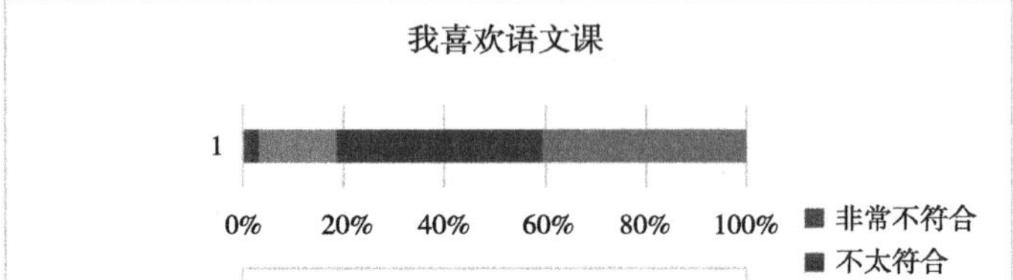

	1
非常不符合	1.8%
不太符合	1.4%
不确定	15.5%
符合	40.7%
非常符合	40.6%

图6　学生对语文课的兴趣调查

占总样本72.4%的学生在语文课上可以做到集中精力、认真倾听；13.4%的学生不能做到课上认真听讲，统计分析如图7。

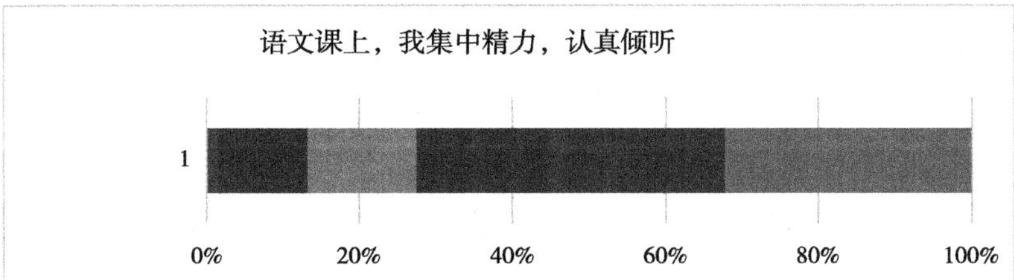

	1
非常不符合	1.5%
不太符合	11.8%
不确定	14.2%
符合	40.2%
非常符合	32.3%

图7　学生语文课听讲情况

2.课堂学习的自主性不强

从自主学习的意识和自主学习的行为两方面，考查学生在语文课上的自主性。其中，自主学习的行为方面，设置认真预习、积极思考、主动分享观点和感受、主动质疑四个考查点，统计分析如图8。

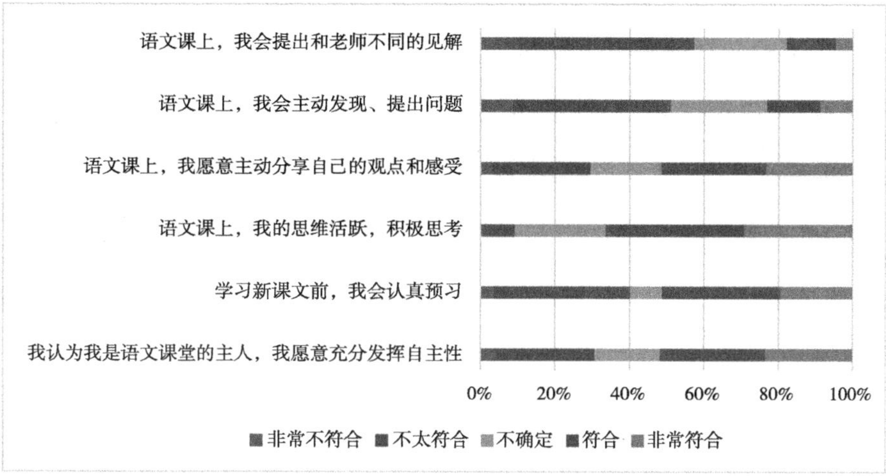

图8　学生课堂学习的自主性

自主学习的意识方面，占总样本23.6%的学生非常认同自己是语文课堂的主人，并愿意充分发挥自主性。28.2%的学生表示比较认同，17.6%的学生不太确定。“不太认同”或“完全不认同”的学生分别占总样本的26.7%和3.9%。也就是说，中学语文课上，仅有一半左右的学生有自主学习的意识。

自主学习的行为方面，占总样本51.2%的学生会认真预习新课，40.1%的学生则没有课前主动预习的习惯。占总样本66.4%的学生在语文课上积极思考，9.1%的学生则无法保持思维活跃。占总样本51.4%的学生愿意在课上主动分享自己的观点或感受，而29.5%的学生不喜欢主动分享表达。仅有23.1%的学生在语文课上会主动发现、提出问题。仅有17.9%的学生在语文课上会提出和老师不同的见解。半数以上的学生在语文课上没有主动质疑的学习行为，不会主动提问，也不发表不同见解。

综上，大约一半的学生在语文课上有一定的自主学习意识，能够自主学习，而27.4%的学生语文课堂的自主性较差。值得关注的是，在所有自主学习行为中，学生主动质疑行为明显少于其他自主学习行为，说明学生主动质疑的意识和能力较弱。课改以来，提倡变接受学习为自主学习，希望学生乐学、会学，然而，无论从意识还是行为上看，目前学生在语文课上的自主性仍有待加强。

3. 生生互动参与度高于师生互动

从师生互动、生生互动两个角度考查学生语文课上参与互动的情况。其中，师生互动方面，设置回答问题和从教师评价中获得启发两个考查点；生生互动方面，设置参与小组合作探究活动和从同学发言中获得启发两个考查点。

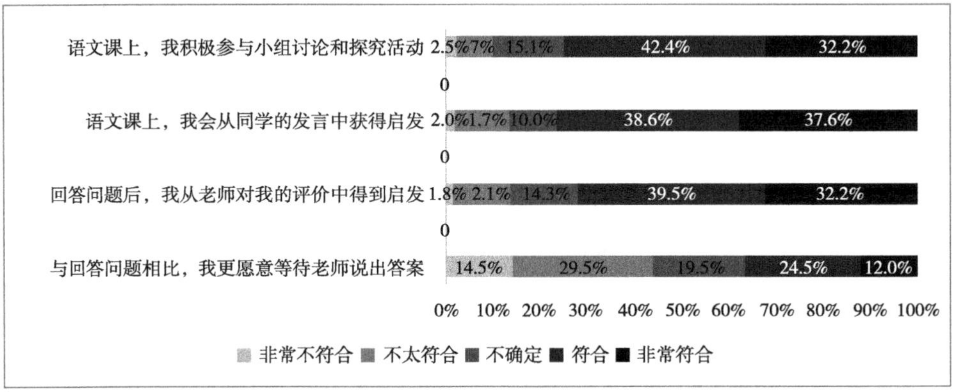

图9　学生课上参与互动情况

语文课上，师生互动最主要的形式是教师提问——学生回答——教师评价。统计显示，在回答问题与等待教师说答案之间，占总样本36.5%的学生更倾向后者。仅有44%的学生更愿意选择回答问题。学生参与师生互动的积极性不高。71.7%的学生回答问题后，从教师对其点评中得到启发，而13.9%的学生无法从教师课堂评价中获得启发。可以认为，语文课堂中的师生问答互动大多对学生有益，互动质量较高。

生生互动方面，占总样本75.7%的学生积极参与小组讨论、探究活动等生生课堂互动，不愿积极参与的学生不足10%。76.3%的学生从同学发言中获得启发，无法从中获得启发的学生仅占总样本的13.7%。由此可见，中学语文课上，师生互动、生生互动都起到了促进学生发展的作用，但是生生互动的参与度明显高于师生互动。学生对以小组讨论、探究为代表的生生互动热情高涨，对以师生问答为主的师生互动却兴致不高。这一现象需引起教师的重视。

综上，中学语文课堂上学生的学习体现出以下特点：(1) 对语文学习兴趣浓厚，课上听讲专注；(2) 课堂学习的自主性不强；(3) 生生互动参与度高于师生互动。语文课上，学生认真倾听，但缺乏自主参与、表达和实践，扮演着“安静的听众”的角色，距离新课程理想中的学习主体角色还有一段距离。

（三）语文课堂上的教师——权威的“引导者”

从教师的角色定位、开展教学的方式、课堂评价三个方面来调查、了解中学语文课堂教师教学情况。

1.教师的角色定位：课堂的引导者

占总样本66.0%的教师认为自己是课堂的引导者，12.1%的教师认为自己是课堂的合作者，这两种角色定位较合理。而21.3%的教师将自己定位为课堂的讲授者。

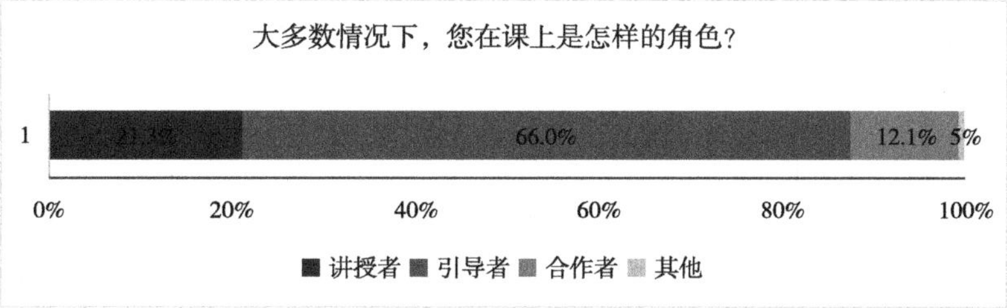

图10　教师的角色定位

2.开展教学的方式：情境创设不足，活动形式传统

从创设情境和课堂活动形式两个方面了解教师开展教学的方式。占总样本61.9%的教师经常创设生动的教学情境，帮助学生理解课文，33.8%的教师有时如此，而4.3%的教师只是偶尔为之。《课程标准》要求教师根据学生的发展需求，积极创设能引导学生广泛、深度参与的学习情境。而当下刚刚过半的比例还未达到要求。

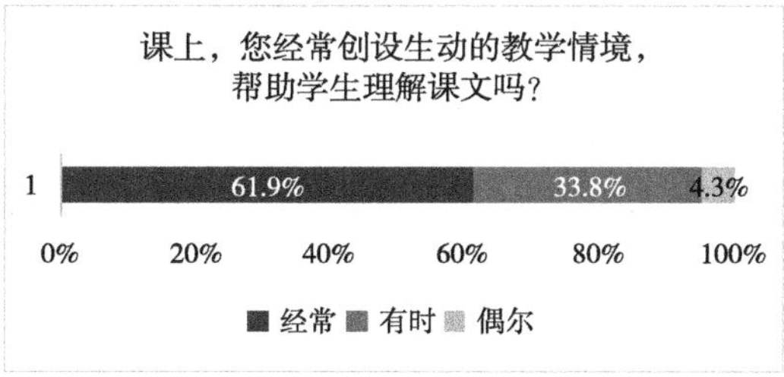

图11　教师在语文课上创设情境的情况

以下两图是学生喜爱的教学活动和教学实际情况。分析得出：语文课上，教师最常开展的教学活动为师问生答（占总样本89.6%的教师选择该项），同桌讨论（占总样本79.7%的教师选择该项），教师讲授（占总样本78.5%的教

师选择该项）。学生最喜爱的教学活动为小组合作探究（占总样本72.3%的教师选择该项），分角色扮演（67.8%的教师选择该项），同桌讨论（54.2%的教师选择该项）。教师更倾向传统的教学活动，而学生更喜欢自主性强的课堂。尤其值得注意的是，大部分学生喜爱分角色扮演，却仅有28.7%的教师表示经常在课堂上开展这一教学活动。目前的课堂设计没有很好地尊重、吻合学生的期待。

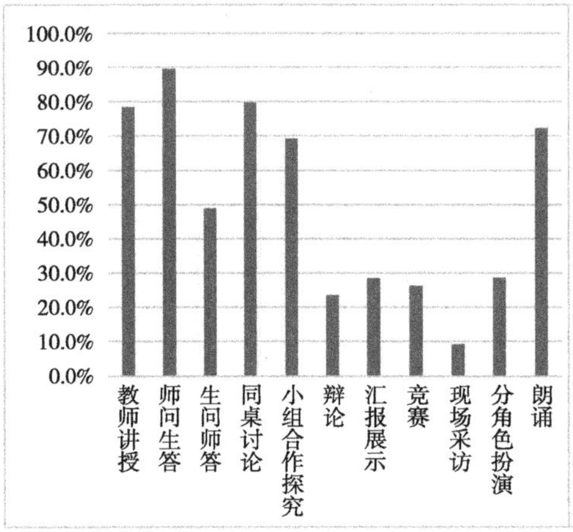

图12 教师课上经常开展的教学活动

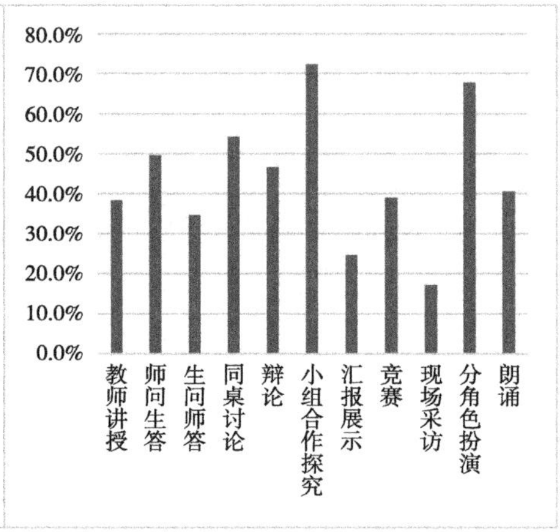

图13 学生喜欢的教学活动

3.课堂评价：忽视差异和个性

从课堂评价的及性和针对性、鼓励质疑两个角度考查教师的课堂评价。

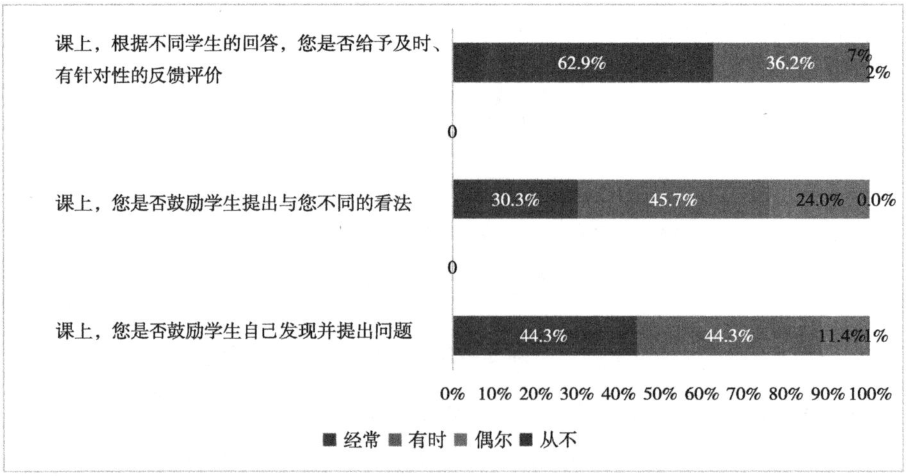

图14 语文课上教师课堂评价情况

占总样本62.9%的教师经常在课上给学生及时且有针对性的反馈，36.2%的教师有时如此，0.2%的教师偶尔做到。教师课堂评价的及时性和针对性有待改善。

占总样本30.3%的教师在课上经常鼓励学生提出与教师不同的看法，45.7%的教师有时如此，24.0%的教师偶尔这样做。占总样本44.3%的教师经常鼓励学生自己发现并提出问题，44.3%的教师有时如此，11.4%的学生偶尔这样做，0.1%的教师从不鼓励学生提问。教师在鼓励质疑方面存在明显的不足，经常鼓励学生提问或表达不同观点的教师不足一半，这削弱了学生的个性化表达，忽视了学生的差异性，对学生的批判性思维，以及语文课堂的整体氛围（平等的还是教师权威的）有消极影响。

总之，当下语文课堂上，教师教学体现出以下特点:（1）教师角色定位较合理;（2）教师开展教学时，情境创设不足，活动形式传统;（3）教师的课堂评价忽视学生的差异和个性。教师虽将自己定位为学生学习的“引导者”，但课堂实践中仍占据着“权威”地位。

（四）课堂文化

分别请教师和学生对语文课堂的氛围进行评价。占总样本50.2%的教师认为自己的语文课气氛非常活跃，49.5%的教师认为他们的课堂氛围一般，0.4%的教师认为课堂气氛沉闷、僵化。对于“我们的语文课堂气氛活跃、融洽”这一表述，占总样本35.3%的学生认为非常符合，22.7%的学生认为符合，27.4%的学生认为不确定，另有12.6%和2.0%的学生认为不太符合和非常不符合。师生对课堂氛围的评价基本一致，一半左右的师生对语文课堂氛围评价较高，一半师生对语文课堂氛围评价一般，极少人对语文课堂氛围评价较差。

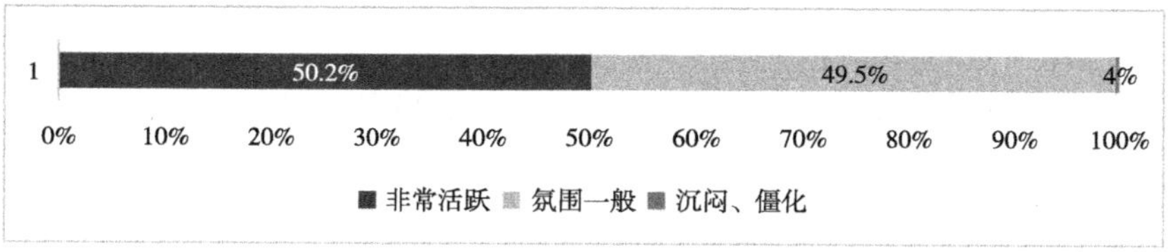

图15　教师对课堂氛围的评价

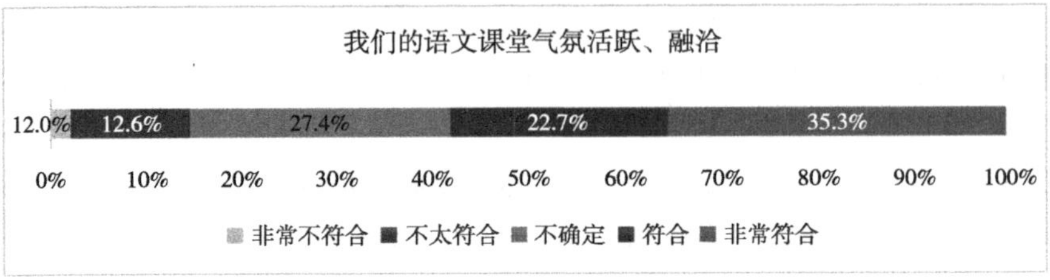

图 16 学生对课堂氛围的评价

请师生用简要描述期待的语文课堂氛围，对有效作答进行关键词频率统计，将出现频率最高的关键词列表如下。

表 3 师生课堂氛围期待高频词

教师作答		学生作答	
高频词	词频	高频词	词频
活跃	284	活跃	1315
互动	112	融洽	454
自由	60	积极	342
碰撞	60	互动	307
和谐	59	生动	486
轻松	53	讨论	210
快乐	49	快乐	169
共同	46	幽默	164
交流	42	轻松	148

可以发现，师生对语文课堂的期待有几个重合的高频词——“活跃”“互动”“轻松”“快乐”。活跃的、轻松快乐的课堂，师生、生生融洽互动、平等交流的课堂是师生的共同期待。此外，教师作答关键词中还出现了“碰撞”和“共同”，教师希望课堂中打破权威，不同观点相互碰撞，师生共同成长，达到教学相长的境界。学生还对教师提出了用语幽默的期待。

总之，教师还需努力，营造轻松活跃、和谐融洽、有安全感的语文课堂氛围，满足师生双方对课堂氛围的期待。

（五）小结

通过调查我们发现，目前的中学语文课堂教学有很多可喜之处：教学目标设置指向多维，教学内容规范；大部分学生对语文兴趣浓郁，课堂听讲专注，乐于参与生生互动；大部分教师对自己有合理的课堂角色定位。

同时，中学语文课堂教学仍然存在一些问题，如教学目标功利性强，对个体的全面发展关注不足，可能造成课堂的“目中无人”现象；教学内容封闭、固化，与实际生活缺少联结，忽视个体的体验和需求；课堂上学生学习的自主性不足，师生互动参与度欠佳；教师情境创设不足，教学活动传统，无法满足学生的需求，课堂评价忽视差异和个性。可以说，当下的中学语文课堂仍有“生命缺席”的现象，使学生“陷入书本编织的符号世界之中”[①]，而未能充分彰显生命的灵性和活力。

四、讨论

针对当下语文课堂中存在的问题，结合语文生命课堂的“重构整体性、尊重差异性、肯定自主性、鼓励生成性、提升超越性”五大特征，为教学提出以下建议。

（一）转变狭隘的课堂观

叶澜教授提出，生命价值是教育的基础性价值，教育具有提升人的生命价值和创造人的精神生命的意义。[②]肖川教授强调，教学必须着眼于完整的人的发展。[③]因此，生命课堂理念下，师生应建立新的课堂观、学习观。

从目的来看，更加关注人的发展、整体的提升，即生命课堂的超越性特征。语文课的目的不仅指向考试，指向知识，指向技能，更指向人的发展、人的心灵。应转变功利的、片面的课堂观，重新树立语文课的目标，发挥语文的熏陶感染作用，引导学生在语文学习中接受优秀文化的熏陶，获得丰富的审美体验，形成良好的人文修养，树立正确的世界观、人生观和价值观，促进学生在语言建构与运用、思维发展与提升、审美鉴赏与创造、文化传承

① 丛滨主编.生命教育：教育的生命[M].东北师范大学出版社，2009：44.

② 叶澜.“教育的生命基础”之内涵[J].山西教育（教学版），2004(6)：1.

③ 肖川.教育必须关注完整的人的发展[J].清华大学教育研究，2001(3)：24-29.

与理解等方面的全面发展。①

从教学内容来看，教育是生命的重要组成部分，课堂教与学的内容绝不止于抽象、体系化的知识系统和封闭、固定的教材内容，而应该以有限的教材为起点，无限宽广地拓展延伸出去，走向我们生活的世界。语文课堂上，师生的目光应透过教材和教室，从读“有字书”到读“无字书”，领略博大的世界，促进心灵的丰盈。《义务教育语文课程标准（2011年版）》指出：“学习资源和实践机会无处不在，无时不有。”②《普通高中语文课程标准（2017年版）》指出：“各地区都蕴藏着自然、社会、人文等方面的语文课程资源，应积极利用和开发。自然风光、名胜古迹、革命传统、民俗风情、国内外的重要事件、学生的家庭生活，以及日常生活话题等，都可以成为语文课程的资源。”③课堂小天地，天地大课堂。作为教师，应该增强课程资源意识，关注、发现身边丰富、鲜活的教学资源，经过精心取舍和整合，与教材配合成为教学实施中的“复合样本”④，建立语文与生活的联结，促进学生的发展。例如，校园内，身边的一花一草一木，都可以成为课程资源，作为学生观察、写作的对象，低年级的学生可以写景，高年级的学生尝试托物言志，或发掘不同花木中的文化内涵；校园外，很多地方都有丰富的名人故居资源，可以将这些资源和课本中的作家作品结合，使学生对作家作品有更立体的了解；甚至方言、风俗都可以成为语文课上生动的课程资源。

（二）创设情境，重视体验

生命课堂中的学习意味着经验的重新组织与重新解释。⑤教师不是知识的容器或传声筒，而是课程的研究者、设计者，学生不是知识的被动接受者，

---

① 中华人民共和国教育部.普通高中语文课程标准（2017年版）[M].人民教育出版社，2018：41.

② 中华人民共和国教育部.义务教育语文课程标准（2011年版）[M].北京师范大学出版社，2012：3.

③ 中华人民共和国教育部.普通高中语文课程标准（2017年版）[M].人民教育出版社，2018：51.

④ 赵福楼.核心素养：现代语文重建的起点与归宿[J].天津师范大学学报（基础教育版），2016，17(4)：26-30.

⑤ 肖川.教育必须关注完整的人的发展[J].清华大学教育研究，2001(3)：24-29.

而是知识的主动建构者。[①]因此，课堂上，教师应精心设计，创设真实的情境，激活学生的已有经验，引发认知冲突，从而促成对外部信息的主动选择、加工和处理，实现建构、内化。也有学者称这种情境为“境域”。境域与知识发现者的生活、情感和信念有着内在的丰富关联。在这个境域中，知识与学习者的个体精神世界进行“对话”，将学习者“卷入”其中。[②]如何创设这种情境或境域，促进学生的体验学习呢？

一是提供必要的背景材料，引领学生走进文本情境。尤其在跨文化文本或远离当下时代背景的文本的教学中，提供背景材料，还原文本的写作背景。

二是设计情境化学习任务。通过情境创设，拉近学生与课程内容的关系，促成学生与文本、与课程内容的对话。创设情境时，可以设计真实的生活情境，如某校开设了“跟着节气走一年”语文选修课，学生在课上阅读与节气相关的文学作品，开展传统习俗体验活动，甚至走出课堂，观察校园，感受景物的变化，并完成写作任务。这种情境创设下的读与写真实地发生在学生的日常生活中，极大地调动学生竖起感知世界的触角，在真实的体验中学习语文。当然，更多时候，语文课发生在教室内，那么教师可以设计符合生活逻辑的情境。如在教学郑振铎《猫》一课时，在充分的阅读和交流后，为进一步加强学生对作者内疚、懊悔的心情的揣摩，体会作者尊重生命、勇于自省的精神，设计情境化学习任务：假如你是作者，请你给在天堂的第三只小猫写一封信，诉说你的心情。在名著阅读《骆驼祥子》教学中，为训练学生梳理情节，提取关键信息，设计情景化学习任务：请你设计《海底两万里》名著推介展板，可以设置作品主要内容和作者简介、航海路线图、潜水艇简图、航海日记等板块。这些情境化任务虽然是课堂上的虚拟，但符合生活的真实，与学生的生活、认知贴近，同样可以最大限度地激发学生参与其中，让学生在体验中发展语文素养，且将课堂从课上延续到课下，从学校延伸到生活，实现生命课堂所追求的理想。

总之，在中学语文课堂上，老师做学生学习的组织者、欣赏者和激励者，创设情境，重视体验，让学生成为主动的探索者，成为课堂的主角。

---

① 丛滨.生命教育：教育的生命[M].东北师范大学出版社，2009：47.

② 于世华.生命课堂[M].华龄出版社，2006：19.

（三）鼓励真实地发声，尊重个性化表达

“课堂是演出¬教案剧∟的舞台，教师是主角，学习好的学生是主要配角，大多数学生是群众演员，很多情况下只是观众与听众。”[①]这是叶澜教授对传统课堂的描述。遗憾的是，如此现象在当下的语文课堂中仍旧根深蒂固，广泛生长。生命课堂促进学生主动、互动、自我调控的学习，强调师生合作学习、共同探讨。

课堂互动方面，建议教师设计丰富的教学形式，促进学生参与互动，积极表达。研究表明，课堂给予的刺激越丰富、越复杂，学生的参与度越高，学习效果越好；反之，如果给予的刺激比较单一，学生的学习积极性则会下降。语文课是一门实践性课程，更需要学生多进行阅读、表达、探究等语文实践活动，充分发挥自主性，从而提高语文能力，获得综合发展。传统的师生问答已经无法满足学生对自主学习的要求，教师应合理设置演讲、辩论、项目学习等丰富多样的教学活动，并且给予学生自主选择学习内容和方式的机会，激发学生的自主阅读、自由表达。

子曰：“君子和而不同。”叶澜教授认为：“差异是财富。”[②]中学语文课堂上，很多问题不必追求统一的所谓“标准答案”。而应尊重差异，因势利导，因材施教；鼓励学生的个性化表达，肯定学生的独立思考和批判性思维。教师甚至可以充分将学生的不同看法作为课堂生成的资源。例如，对《百草园与三味书屋》这篇课文的中心思想，学生有“批判旧教育”“怀念童年生活”“讨论教育观”等多种理解。教师可以请学生就几种观点展开讨论，借此深入文本，加深对文章的理解。又如，在教学《故都的秋》一课时学生质疑，“故都的秋如此悲凉，作者为什么愿把寿命的三分之二折去来留住故都的秋？”教师可以由此引导学生重点细读文章，适时补充写作背景，帮助学生体会故都之秋的“清、静、悲凉”与作家的生命情感体验的映照，从而理解“悲秋”文化传统，丰富学生的审美体验。

（四）营造民主、自由、安全的课堂氛围

生命课堂理念下，课堂是一个独特的、充满魅力和生命活力的场域。在

---

① 叶澜.让课堂焕发出生命活力——论中小学教学改革的深化[J].教育研究，1997(9)：3-8.

② 叶澜.课堂教学改革中预设与生成[J].基础教育论坛，2012(30)：6-7.

这里，师生共同学习、探索、发现，共同反思、收获、成长，在这里，师生心灵沟通，思想碰撞，情感交融。只有教师放弃权威身份，放弃主宰与控制的权力，合理预设，智慧引导，温情鼓励，才能营造真正民主、自由、安全的课堂氛围，让智慧迸发，让思想沉淀。“莫春者，春服既成，冠者五六人，童子六七人，浴乎沂，风乎舞雩，咏而归。”这是《论语·先进》中描绘的美好的教育场景，亦是许多语文老师心中对和谐、自主的，凸显生命灵动的课堂的期许。

五、结语

德国哲学家雅斯贝尔斯在论及教育时说：“教育就是一棵树摇动一棵树，一朵云推动一朵云，一个灵魂唤醒另一个灵魂。”教育不是传授，而是唤醒。语文课堂不应只是知识传送的场所，更应成为生命互动、共同成长的场域。通过转变课堂观，创设情境、重视体验，鼓励真实地发声、尊重个性化表达，营造民主、自由、安全的课堂氛围等方式，改善中学语文教学。真正关注到每一个个体生命，让生命在场，让中学语文课堂焕发新的活力。

（本文作者：张妍　经鑫　张晓初）

（本文获第十七届中小学教研教改成果一等奖，节选发表于《天津教研》2019年第3期。）

中学语文生命课堂的五个基本特征

20世纪末，叶澜在《让课堂焕发出生命活力——论中小学教学改革的深化》中指出了传统课堂教学的种种弊端，认为我们对课堂教学的认识“必须突破（但不是完全否定）特殊认识活动论的传统框架，从更高的层次——生命的层次，用动态生成的观念，重新构建新的课堂教学观”。中学语文生命课堂的提出正是对此观点的一个回应，它突出师生以尊重生命为共识，以挖掘和解读教育的生命意义为主线，以激发生命潜能、提升生命境界为目的，具有以下五个基本特征。

一、重构整体性

语文生命课堂的整体性重构讨论的正是知识与生命之间的关系。新课程目标由原先的强调“双基”训练转变为“知识与能力”“过程与方法”“情感态度与价值”三观为一体的设定就是对知识与生命之间关系的重新建构。“人们在掌握知识时，如果没有理解意义，那么在知识被淡忘以后，就很难留下什么；如果人们在学习知识时理解了它对生命的意义，即使知识已被遗忘，这种意义定可以永远地融合在生命之中”。知识与生命必须进行有意义的联结，这样学生才能在理解知识的同时对生命有所感悟。

在教学实践中，教师可以通过发掘教材文本中人物的特征，并与当下时代的人物原型相匹配，进而引发学生的情感共鸣，并使其成为教师、学生和文本之间的桥梁。在中学语文教材中，鲁迅的作品一直都是一个难点，学生难懂，教师难教。究其原因，教师人为地割断了知识与生命之间有可能发生的意义联结，同时造成有些知识还停留在对过去时态中的生命意义的理解讨论之上，而缺乏与时俱进的态度。这就造成了鲁迅作品意义深远与当下学生难以理解之间的隔膜，进而造成师生把鲜活的文本仅仅解读成为一篇思想教育的范文，而脱离了与现实的联系和思考。

例如，《祝福》一文中，“礼教吃人”是一个结论式的命题，是特定时代下人们精神群像的缩影，教师设计的所有问题都是围绕着这个结论展开，但是到头来学生只是被引导到既定的结论上去，而此结论对当前社会的指导意义和反思性并不突出。教师如果能够把祥林嫂解读为学生身边的一个不幸的人，让学生们联想到当下生活中的弱者，那么这样的情感共通体验更容易成为学生走近鲁迅及其思想的一把钥匙。

生命的整体性要求教师对语文知识进行整体观照。虽然教师可以根据自己的意愿将知识拆解，以建立新的“秩序”，但教师在将知识分解为一个个知识点的同时，也是对生命完整性的剥离，这就使得学生远离了语文的本真。因此，在教学实践中，教师要把握好“生命课堂”整体性，就必须合理处理好内容与形式之间的关系。

例如，同为小说，对于在地域空间、时间跨度上相对局限的《红楼梦》，就要求教师注重对文本细节的讲述，甚至小说中的人物在某个特定区域内的空间移动轨迹都要和情节的推演密切相关，而时空线索相对粗犷的《水浒传》，则要求教师基本围绕人物性格特征和时间线索来展开讲述。以上两部小说的讲法显然存在不同，如果教师都用情节、环境、人物这样的小说三要素生搬硬套，那么两者的味道就都变了。可见，知识讲述的形式或规则一定是根据内容而调整变化，而对内容的认知则是建立在对知识整体性把握基础之上。

二、尊重差异性

这里的差异性，我们可以理解为两个层面，一是标准的差异，二是个性的差异。语文“生命课堂”包容第一种差异，鼓励第二种差异。学生语文素养的培养不应是一条直线，而是一个圆，每个学生尽力向圆心靠拢，其目的不是让每个学生都成为文学家，最根本的是提高他们在日常生活中语言文字的运用能力，这就要求教师注重对学生进行听、说、读、写的全面培养。

学生通过语言或者文字的形式将看到的、想到的表达出来，这既是学生本性的一种抒发，也是他们后天经验习得的外在表现，因此，他们所呈现的内容必然千差万别。然而，在教学实践中，我们常常发现大多数学生存在面对语文素材无话可说、无文可作的现象，更不要提“一千个读者有一千个哈姆雷特”了，这恰是因为受到传统语文教学活动中所时刻强调的“文以载道”这一统一性的约束，使得学生本性受到了压抑。

生命课堂的使命就是唤起学生自身生命的真实感受，在教师的合理引导下，产生学生之间差异性思考的活的课堂。事实上，语文课堂最应该鼓励的是学生极具个人色彩的语言表达。我们一直坚持开展“课初三分钟演讲”活动，鼓励学生将自己平时生活中的感悟或者趣事写下来，再在当堂讲出来，这既锻炼了学生的书面和口头双重的表达能力，又给予学生极大的自由以满足“发声”的欲望。设计“课初三分钟演讲”的宗旨，就是引导学生在家庭与学校、日常生活与学习经验中形成独具个性化的生命感悟，并通过自己个性化的语言和情感表达出来。例如，有的学生在讲到即将面临的毕业离别时潸然泪下，有的学生在描述生活趣事时引起全班共鸣……这些个性化的表达都是基于学生生活的差异性和共通性，使学生自觉形成了一个向内关注自我独特心灵世界的视角，养成生命成长的自觉。

三、肯定自主性

有学者将自主性解读为三种主要元素，即情意自主性、认知自主性和行为自主性。情意自主性体现为学生学习是出于趣味和个体价值，而非单纯追求成绩或满足家长的攀比心。这就要求教师在教学过程中发现学生真实的自我和独特的偏好，并因势利导，肯定这种自主性。认知自主性是对知识和技能的选择，它体现在教学内容上，教师要避免对学生过于规约，给学生可选择的空间，鼓励学生独立思考。行为自主性是学生在实践层面上对前两种自主性的现实转化和检验。上述三者只有相互结合，才能构成一个完整的自主性，让语文学习成为学生自主自由的生命活动。

在语文生命课堂中，教师充分尊重学生学习的自主性，使学生成为学习的主体，往往能获得意想不到的教学效果。例如，教师在讲授《荆柯刺秦王》时，学生们突发奇想，将文言文排成了现代版的课本剧，在排练过程中，他们又加入了自己的理解，为荆轲准备了多个结局，演绎出了不同的版本。教师因势利导，将学生排演的课本剧作为学习的鲜活素材，让学生就此展开分组讨论，就不同的结局所体现出来的历史观作出评价。如此一来，学生在编排课本剧的过程中自主掌握和理解了整堂课的大部分文言重点字词，教师只是强调了一两个易错的知识点。看似枯燥的文言文教学收到了良好的学习效果。再如，在学习《雷雨》的过程中，有学生主动提出要排演话剧，教师顺势而为，仅就戏剧的基本知识做了简单的讲解，让学生对戏剧这种艺术形式有大致的了解，之后，让学生自主完成选角色、排练、布景、演出等排演过程。在此过程中，学生出于对剧中人物、情节和时代背景的不同解读，对文本提出了诸多质疑，教师再进行针对性的引导，学生逐步理解和解读文本，进而使课堂教学的有效性得到了显著提升。

四、关注生成性

"课堂教学不可能全部预设，需要动态生成。生成并不排斥预设，预设是为了更好地生成"。中学语文生命课堂应该是动态生成的，而"生成的核心就是创造，过程即创造"。因此，我们需要重新审视知识获取的过程。教学中的偶发事件常常成为教师丰富课堂容量、增大课堂空间的有力武器。在生成中，教师与学生是建立在平等关系之上的合作者、对话者，由"我"变为"我们"，学生与教师之间不再是客体与主体之间的关系，对话或者合作的目的不是简单的知识传递，也不是为了达到某种共识，而是视野的开阔、智慧的碰撞与生命的交融。

在生命课堂教学中，教师积极关注教学的生成性，根据课堂的实时情况对授课内容作出及时调整，会收到意想不到的效果。例如在《祝福》一文中，学生在分角色朗读"我"与祥林嫂的对话中发现该语段中破折号、问号、省略号同时出现，学生在读的时候感到很为难，认为这些标点影响了句意的完整表达，教师借此讲解了破折号与省略号在同样表示停顿时的细微差别。这样，学生在课堂上不仅收获了关于标点的知识，还理解了作者的写作意图。反之，如果教师对此置之不理，或者认为标点的知识不是这节课的重点，那么学生的困惑就得不到及时解答。再比如，学生在学习《背影》之前搜集了相关资料，提出朱自清的父亲其实也存在诸多问题，比如不遵守交通规则、形象不够高大等，认为朱自清塑造的人物不够真实，教师就此展开了关于文学形象真实性与虚构性的讨论。通过讨论，学生更加明确了经典作品对人生的指导意义，使课堂教学产生了附加的教育价值。

五、提升超越性

《普通高中语文课程标准（2017年版）》指出：“工具性与人文性的统一，是语文课程的基本特点。”语文教育是提高审美素养的重要途径，要让学生在语言文字运用的学习中受到美的熏陶，培养自觉的审美意识和高尚的审美情趣，培养审美感知和创造表现的能力。审美首先是超越现实利害的，不可否认，现代社会工具理性占据了主导地位，造成人文精神严重失衡。新时代青少年的人文精神仿佛雾里看花，浪漫、理想成为空中楼阁，正如学生作文中经常表现出对生命美感的漠然、对死亡的无知、对生命无所敬畏的比比皆是。由此而来的现代“社会病”需要在教育领域不断矫正，这就需要在语文教育中提升超越性。

超越性是人的内在属性，生命就是在自我否定、自我超越的过程中不断发展着自身。生命课堂就是要不断激发这种本性，唤醒学生的超越意识，培养他们的超越精神。

提升超越性在写作教学中表现得尤为突出。学生的生命感悟往往在教师的激发之下才能实现。教师通过创设生活场景，打通时间藩篱，将学生置于一个可以任意“打扮”的空间之中以展开想象，抒发感受。我们曾以陶行知“假使你有两块面包，你得用一块去换一朵水仙花”这句话作为话题，试图引出学生对物质与精神关系的探讨。有学生写道：“如果只说读书可以培养人的情趣，显得人的思想太肤浅。泛起的﹁水仙花﹂也并没有开得漂亮。如何才能盛如夏花？在读书时可以将自己置身故事中，将灵魂交于书中的那个你，与作者产生同样的共鸣，何尝不如而后的清晨般的舒爽呢？”还有学生写道：“读书似我心中的﹁水仙花﹂，它开得热烈而丰满，如同我心中的甘露，唤醒内心深处真正的自我。”这两名学生的写作，看似在谈“水仙花”，然而却从物象的感受中获得了超越，到达了一定的审美高度，切实形成了自我的独特认识与感悟。

学生在写作中能够将生命哲理寓于日常所见的平凡之物，这也是超越性的重要体现。虽然高中学生的生活阅历有限，但是简单的生活并非不能产生生动的形象和丰富的情感体验。一名学生在考场作文《铃声响过之后》中写自己独特的生活体验：在课间10分钟，考生到校园一隅漫无目的地游荡，以排解学习的压力和父母的不解带来的无奈。没想到以前从未入眼的校园里的花花草草、枯枝落叶似乎都活跃了起来，不断地与考生对话。在对话中考生便释然了，校园里本无生命的常见之物都成了考生笔下具有感情的生动形象，考生自我的形象也在这些细致的描写中跃然纸上。同样，“当学生流连于一首古诗词时，就是超越的开端，当他们从诗词中走出来，用被愉悦或忧伤浸染过的双眼重新“看”这个世界的时候，超越已经内化到他的语文生活中”。

（本文作者：张晓初　杨博雅　张妍）

（原文发表于《天津市教科院学报》2018年第2期）

“生命课堂”理念下中学语文教学模式初探

20世纪以来，随着人的自我意识的不断觉醒，“生命教育”①的理念被提出并得到发展。在这种观念的主导下，“生命课堂”的理念也应运而生。1990年代末，叶澜先生针对传统课堂教学的弊端，率先指出应突破“特殊认识活动论”的传统架构，“从更高的层次——生命的层次，用动态生成的观念，重新全面地认识课堂教学”②，此后王鉴先生指出课堂应转变教学模式，以实现“塑造人的生命价值”，促进“人的精神和教育—心灵导向—的转变”③。这些论述都阐释了“生命课堂”的重要性，也昭示着教学模式的转变势在必行。

一、“生命课堂”理念下的中学语文教学总模式

“生命课堂”是相对于传统的“知识课堂”提出的，是以关注人类的自身价值、注重生命主体发展需要为终极目标的课堂。具体而言，“生命课堂”要求教师和学生在课堂教与学的过程中，把课堂生活作为自己生命中的重要构成部分，师生在课堂生活中共同学习知识、探究问题、展示智慧、提升能力、交融情意、涵养人性，使课堂成为师生的生命价值得以体现、心灵得以丰富、人生意义得以彰显的快乐殿堂。在“生命课堂”概念的统摄下，中学语文教学的课程应该是开放性的、生成性的，教学过程应是具有灵活性、创造性的，教学目标应具有自觉性与人文性。因此，在此种理念的主导下，中学语文教学总模式可具体分为如下几个阶段。

第一阶段，“定向一自主发现阶段”。在这一阶段，学生将通过“注意与

① “生命教育”的理念最早于1968年由美国的杰·唐纳·华特士提出。

② 叶澜.让课堂焕发出生命活力——论中小学教学改革的深化[J].教育研究，1997(9).

③ 王鉴.课堂重构：从“知识课堂”到“生命课堂”[J].教育理论与实践，2003(1).

预期”“激活原知识”“选择性知觉”“新信息进入原有命题网络”几个基本环节，实现学习定向、学习动机的激发、自主选择学习信息以及接受新知。在这一阶段的语文教学中，学生将通过自觉的初步感知，首先被唤起语文学习的意识与兴趣，并在具体接触语文新知的过程中，自觉选择与原有认知体系以及个人生命相契合的观点与知识进行感知。在此过程中，教与学都是建立在学生自主发现与接受的基础之上的，学生将一改此前被动接受知识的“被灌输”“被束缚”状态，将在充分调动自我感知与自我意识的基础之上，通过个体的自主预期、自主定向、自主探索的方式展开语文学习，以实现语文知识的“自主选择与自主建构”。

第二阶段，“巩固—转化阶段”。在这一阶段，学生将进行“认知结构重建与改组”或进行“变式练习，知识转化为技能”，以实现有选择性地自主建构知识网络。在此阶段，学生会在主动探索新知的过程中，有选择性地将与个体发展有密切关联的语文知识纳入自己的认知体系中，并通过“自我阐释”与“自我内化”将更具宏观性的“大语文”认知体系建构得更加完善。或是利用已经习得的语文知识进行变式练习，将知识与个体生命更加紧密地联系起来，以实现语文知识的现实性转化。在此过程中，学生将更进一步将课堂中的语文知识与自己的个人经验结合起来，语文也由单纯的“知识”进一步转化为“语文素养”。

第三阶段，“应用阶段”。在此阶段，学生将通过“根据线索提取知识”或“技能在新的情境中应用”实现知识的实践性掌握与转化。在这一阶段，学生会将已经习得、内化为自己认知体系一部分的语文“工具性”知识以及“人文性”知识在新的情境现实情境中加以利用，在使用知识的实践过程中，真正实现语文新知的掌握、语文素养的提高以及个人人文内涵的整体性丰富与提升。在此过程中，学生也将更大程度地将语文与个体的生命经验联系起来，个人的“主体经验”“人文经验”“生命经验”都将丰富起来，语文教学也将最大限度地突显出内在价值，焕发出它应有的活力与灵性。

二、“生命课堂”理念下的初中语文教学子模式

在“生命课堂”中学语文教学总模式的主导下，初中语文教学应在培养学生宏观的“语文素养”的前提下，注重课堂的“整体性”“生成性”，关注到初

中学生的基本心理发展阶段与具体学情。据此，在总理论的指导下，初中语文教学子模式如下：

首先，“定向—自主发现阶段”。此阶段包括两项内容：第一，“介绍性课初演讲”。在这一环节，学生将在课前就本课的应学内容进行自主阅读，自主进行相关资料收集及课文内容梳理工作，找出课文中自己的关注点与兴趣点，结合已有资料提出问题，表达个人观点，并将以上课初探索整理为演讲稿，于课上展示给其他同学。在这一环节，学生将在资料准备与初次阅读的过程中自觉唤起已有的语文知识与经验，并通过自主选择使真正为个体所需的语文知识进入到学生的思维之中。第二，“美文式自主诵读”。在这一环节，学生将打破传统课堂存在的既有束缚，改变学生阅读只能跟随教师思路的教学现状，而去进行美文式的自主诵读。学生可以在课前自主探究的基础上，选择自己感兴趣或与自己生活经验密切相关的文本片段进行细致诵读，通过反复有感情地诵读“享受阅读带来的乐趣”，形成对文学文本直观而的深入理解，实现“由外而内的吸收、借鉴”[①]。在此过程中，学生可自主勾画圈点符合自己审美倾向的文学性语句，此后据此提出阅读中存在的疑惑。

其次，进入“巩固—转化阶段”，此阶段亦包括两项内容：第一，“引导性合作探究”。学生将阅读中遇到的问题交由小组，由小组内部进行细致的合作探究，学生也可将自己的个人观点进行组内陈述，加强不同观点之间的交流沟通，学生还可以将阅读中的个人感受大胆提出，供小组成员内部讨论交流。在此过程中，基于初中学生思想与解决问题的能力尚未完全成熟的状况，教师有必要在适当的时候进行引导，以便使学生的合作探究能够真正帮助其将已习得的语文知识进行实践性转化。第二，“口头式汇报交流”。在这一环节，学生将小组内引导性自主探究的成果以口头表达的方式呈现出来，在表达的过程中，可辅以学生自主收集整理的文本、资料、数据、图形的展示，并要求学生在表述过程中做到有理有据。“汇报交流”的过程实际上也是在锻炼学生将已习得知识进行实际运用的过程。在此过程中，学生将充分调动自身的探索力、创造力与想象力，真正实现独立思考，自由表达。

最后，进入“应用阶段”。在此阶段，学生将获得拓展阅读资料，并在课后利用课上自主探究所学到的阅读方法、阅读技巧进行深度阅读，同样自主

① 吴果中.从“知识”到“生命”——课堂教学的精神交往论[J].湖南师范大学教育科学学报，2005(2)：17–20.

创设问题、自主发表观点、自主提出疑惑，将拓展阅读的成果以书面文字形式整理笔记，实现语文知识的初步运用。进一步要求学生将文本内容与广阔的生活实际相联系，自主创设情境，将拓展阅读的材料与现实生活中的情境向对比，并据此撰写小作文，抒发自己内心的真情实感。真正做到不仅让学生掌握教材中的知识，还要通过教材这个例子，这个载体，将“学生的视野引向外部世界这一无边无际的知识海洋”，通过“有字的书”将学生的兴趣引向“外部广阔世界这一一无字的书一”[①]，真正使只能够体现语文“工具性”的知识型课堂成为能够体现语文“人文性”的“生命课堂”。

三、“生命课堂”理念下的高中语文教学子模式

在“生命课堂”理念的指导下，高中教学模式也应该做到将“生命”的理念贯穿其中，并且与初中教学模式保持一定的连贯性与继承性。据此，“生命课堂”理念下的高中语文教学子模式如下：

首先，在“定向—自主发现阶段”，高中教学模式延续了初中教学模式的基本框架。第一，“观点性课初演讲”。在这一环节，学生仍旧在课前就本课教学内容进行自主阅读，自主梳理课文内容并收集作家、背景、作品的相关资料。但高中阶段的课初演讲应更加注重个人观点的提出，学生结合语文文本找出关注点与兴趣点后，应通过大量的文献资料查阅来提出具有个人独立见解的问题，在独立思考的基础之上，将具有鲜明个人性的观点呈现出来，在课上通过“课初演讲”展现给其他同学。第二，“独立式自主阅读”。在这一环节，高中教学模式将在初中“美文式自主诵读”的模式上进一步深化，真正做到使学生在阅读语文文本的过程中能够独立思考和自主阅读。学生将在课前阅读大量文献资料的基础上，选择自己感兴趣同时具有一定思想深度的问题去进行探究，圈点勾画文学性语句并做出自己的阐释，自主创设与文本内容相关的“有效性”问题，提出阅读中存在的部分疑惑。

其次，在“巩固—转化阶段”，高中教学模式同样在初中教学模式的基础上进行深化。第一，“自主性合作探究”。学生将自主创设的问题进行汇总，小组内部对提出的问题进行筛选，选出具有代表性的问题集中加以解决。同

① 夏晋祥.“生命课堂”理论价值与实践路径的探寻[J].课程.教材.教法，2008(1)：26-30.

时，学生还应将自己在阅读文学文本时产生的不同感受在组内提出，在掌握理论资料的前提下与组员进行针锋相对的自主探讨。并且，学生还可以将阅读中出现的疑惑提出，同样由小组内成员内部讨论自行解决，由此实现“尊重学生学习的主体地位和个性化的阅读经验”[①]的目的。第二，“多样化汇报交流”。在这一环节，学生将自主合作探究的成果进行整合，将文本、资料、数据、个人观点快速整合为一篇思路清晰、观点明确的交流稿，并在课上以交流稿为依据进行小组间的多样化汇报交流。在此过程中，学生能够较为充分地掌握语文的“工具性”知识，同时也能够掌握语文的“人文性”知识。

最后，在“应用阶段”，学生将进行“拓展阅读”与“情境写作”。第一，“拓展阅读”。学生在进行拓展阅读时，仍旧要利用查阅资料、自主阅读、提出观点、自主解决等基本阅读技法进行拓展训练，并且在阅读过程中，不断尝试新方法，以此实现语文知识的现实性运用。第二，“情景写作”。学生要将在文学文本中吸取而来的写作技法用于情境写作之中，要将借由文本感受到的真情实感写入作文中，也要对处于具体情境中的人的真实处境进行深度思考，并表达自己的独立观点，以此实现语文“人文性”经验的现实性转化。

四、对“生命课堂”理念下教学模式的评价

在现实教育体制改革的背景下，“生命课堂”理念的提出无疑掷地有声，这一理念对教育的发展也具有极其重要的作用。北大校长蔡元培曾说：“教育者，养成人格之事业也。使仅仅灌注知识、练习技能之作用，而不贯之以理想，则是机械之教育，非所以施于人类也。”教育家陶行知先生也曾表示：“要解放孩子的头脑、双手、脚、空间、时间，使他们充分得到自由的生活，从自由的生活中得到真正的教育。”由此可见，关注人的生命发展这一教育观念早已为近代教育家发现，这一观念极其重要，历久弥新。

“生命课堂”启示教育者，语文教育不应该是脱离生活、脱离学生生命的抽象概念，不应该是束缚学生个性与身心成长的高大樊篱，也不应该是压制学生才华与灵性发展的冰冷机器。语文教育不应当“异化”为“非教育”，而是应当发挥语文教育的真正作用，促使个人人文素养的增强，促进个体人文关怀与审美能力的提高，促成个体人性的复归、生命的觉醒，灵魂的升华。

① 郭清华.中学语文阅读教学模式之探讨[J].南昌教育学院学报，2009，24(3)：64-67.

语文教育应当将语文素养与个体的生命发展融为一体。

诚如泰戈尔所言:“教育的目的是应当向人类传递生命的气息。”在“生命课堂”理念指导下的语文教学模式,将会在尊重课堂整体性、差异性、自主性、生成性、超越性的基础之上使语文的“工具性”与“人文性”得到更大的体现,也将更进一步激发学生的求知欲与主动性,鼓励学生自主创设情境、互动学习、主动学习,使教育能够唤醒“人之为—人—所应具备的生命意识”①,使学生的心灵在语文教育的滋养下变得更具鲜活的“生命色彩”,更加丰富健全。

(本文作者:张雨晴)

(原文发表于《天津教研》2018年第4期)

① 潘家明.承受生命之重的课堂教学——论语文生命课堂的构建[J].河北师范大学学报(教育科学版),2009,11(2):123-126.

课外名著阅读教学的提升策略初探

一、问题的提出

《义务教育语文课程标准（2011年版）》明确指出：“学生九年级课外阅读总量达到400万字以上。”作为学生学习引领者的教师，在如何指导学生有序、有效地进行课外阅读，提升学生语文素养方面所起的作用日益凸显。然而，在“功利化”思想驱使下，部分语文教师忽略了对学生课外名著阅读的指导，而将主要精力放在了语文基础知识的检查和应试技能的训练上。这是因为，在绝大多数语文教师的潜意识中，考试中取得高分才是硬道理。此外，在与部分学生的交谈中我们发现，一些教师对课外名著阅读的指导只集中在必考篇目上，其指导方式也只是下发总结好的讲义。这样一种看似省时、高效又直击考点的指导方式，从短期看的确可以较快速提高学生的语文成绩，但若从学生长远发展的角度看，无论是对学生语文综合素养的全面提升，还是对学生文学欣赏与审美能力的培养都是弊大于利。为此，本文拟从课内外相结合、读写结合、合理应用多媒体、多种活动促读等方面为学生课外名著阅读能力的提高和教师课外名著阅读教学水平的提升提供策略。

二、名著的界定

“名著”究竟应该如何界定呢？国内外部分专家学者曾就这一问题给出过答案。美国学者莫迪默·阿德勒提出了判断名著的六条标准：一是名著的阅读者最多。名著不是一两年的畅销书，而是经久不衰的畅销书。二是名著通俗易懂，名著面向大众而不是面向专家教授。三是名著永远不落后于时代。四是名著隽永耐读，名著一页上的内容多于许多书籍的思想内容。五是名著最有影响力。六是名著探讨的是人生长期未解决的问题，在某个领域里有突破性意义的进展。[①]斯蒂夫·艾伦在《怎样欣赏名著》一书中谈道："名著就是这样的书——哪怕只是一瞬间，它都会使你从中感受到一部分生活的意义。名著是能够经受住时间考验的书，是世界上亿万读者多少年来为从中得到特别启迪而阅读的书。"[②]我国著名语文教育家于漪先生认为："名著中蕴藏无尽的精神力量，通过作品中蕴含的思想美来熏陶和感染学生，可以达到以内养外、以血养颜的效用，能促进学生良好个性的形成，提升人的内涵教育。"

由此可见，学生应该阅读的名著一定是具有闪光思想和高贵语言的，是经过时代淘汰仍巍然独存的，在文学和文化范畴内堪称精品的，能决定学生的修养、境界、素质和力量的，旨在提高学生语文综合素养的经典著作。

三、发挥教师的主导作用，运用多种策略，激发学生课外名著阅读的兴趣

（一）课内外相结合的策略

所谓课内外相结合的策略，就是教师在日常教学中可将教材中的文章当作例子，通过对相关作家作品的介绍和写作背景的分析来激发学生阅读该作家相应课外名著的兴趣，从而"以点带面"，紧紧依托教材必修篇章来指导学生的课外名著阅读。与此同时，学生深入阅读课外名著也为更好地理解同一作家的课内文章提供了支持。

如：教师在讲完《爸爸的花儿落了》一文后，可推荐学生阅读林海音的《城南旧事》；在讲完《智取生辰纲》一文后，可推荐学生阅读施耐庵的《水浒传》；在讲授《傅雷家书两则》一文后，可推荐学生阅读《傅雷家书》等。久而久之，教师以教材课文为基点指导学生阅读的方法，训练阅读技能，培养正确的阅读习惯，学生再将这些方法和技巧迁移到课外名著中去，就能从根本上实现"得法于课内，得益于课外"的教学目的。

（二）读写结合的策略

任何一部课外名著都有其独有的写作特点和艺术特色，教师在指导学生

① 梁素丽.初中"名著导读"教学的现状与对策[D].华中师范大学，2010.

② 斯蒂夫·艾伦.怎样欣赏名著[M].广东少年儿童出版社，2002.

阅读课外名著的过程中，应力求让学生学习并体会这些特色并辅之以相应的训练，从而落实读写结合的策略。

如阅读《鲁滨孙漂流记》，我们就应让学生学习第一人称的叙述方式和通过人物自白串联情节的特点；阅读《钢铁是怎样炼成的》，我们就应让学生学习描写人物以叙事和描写为主，同时穿插内心独白、书信、日记、格言警句等写作方法，使人物形象有血有肉。

笔者在写作课上曾布置“他（她）使我感动”这一习作题目。从审题、立意、布局、语言等方面对学生进行指导，笔者提出了一个特殊要求：“作文中必须用到课外名著中的人物和事迹”，这就促使学生不仅必须有针对性地阅读相关课外名著，还要想方设法将其转化为写作中所需要的材料。一个学生在作文中这样写道：“他本可以尽享富贵，却无时无刻不在关心着劳动人民的疾苦。他出身优裕，生活无忧，但他看到自己的庄园是由农民的血汗换来的，而农民却要顶着寒风在地里劳作时，他的心里充满了惭愧与不安。他无法忍心看着农民被剥削，于是想把土地分给农民。但没有人支持他的想法，他无论走到哪里，都要受到嘲笑。他只能靠文学抒发自己的情感。他就是一俄国十月革命的一面镜子——托尔斯泰。他的无私让我感动。”由此可见，阅读是信息输入的过程，写作是信息输出的过程，以读促写、以写促读、读写结合，才能实现学生语文综合素养的不断提升。

（三）合理应用多媒体的策略

在调查中我们发现，大多数学生都喜欢直观性、形象性和视觉效果较强的阅读方式，对网络和电视更是有一种天生的亲近感。因此，如果教师能够合理应用多媒体这一新型资源，必定能有效激发学生对课外名著的阅读兴趣。如笔者在进行人教版九年级上册第五单元“话说千古风流人物”这一主题综合性学习教学时，给学生播放了中央电视台《百家讲坛》《读书时间》等节目的视频和由《西游记》改编的同名电视剧的视频，让学生感受经典名著人物的风采，进而激发学生对《西游记》等古典名著的阅读兴趣。

由此可见，利用多媒体这一新型资源开展课外名著阅读，不仅能让学生迅速、便捷、及时地获取名著中的信息，而且能让学生拥有更大的选择空间。但是，在应用多媒体开展课外名著阅读的过程中，我们也应注意做到因地制宜、因时制宜、合理取舍等。

（四）多种活动促读的策略

根据学生的实际水平和不同学校的实际条件，结合笔者的教学实践经历，我们将能促进学生课外名著阅读的活动归为下面几类。

1.“班级读书报告会”活动

这一活动要求教师在每学期之初就布置学生利用一段时间去阅读一部名著，然后再结合学期或单元语文综合性学习活动的目标，利用课上时间让学生围绕好词佳句赏析、典型人物评点、经典情节复述、阅读感受等说出自己对某部名著的阅读心得。如笔者曾在所任教班级开展过针对《名人传》的班级读书报告会，当时学生们发言踊跃，热情高涨。有的学生说：“读完《名人传》后最大的感受就是生活并非充满了鲜花和欢乐，要想取得成功，必须克服现实生活中的种种困难。”还有的学生说道：“读《名人传》，我了解到贝多芬的一生充满了苦难，但他却把苦难铸成了一支支欢快的乐曲，奉献给了世人。”

2. 开展“名著手抄报展”活动

这一活动一般以学生所在班级的每个小组为单位，利用节假日或寒暑假这样较为集中的时间，让学生集中阅读文本、搜集和挖掘信息、整合各类资源、装饰打造不同版面，再以手抄报的形式展出，让学生们感受“大语文”的魅力。

3. 开展“名著知识竞赛”活动

笔者所在的学校每学年都会在初中年级举行这一活动。各参赛队由每个班级推选出的三名学生组成，参照“开心辞典”的形式，设置三个环节。必答题如：“《朝花夕拾》由哪十篇文章组成？”抢答题如：“《西游记》中唐僧师徒四人共经历了多少磨难？”风险题如：“请概述《骆驼祥子》中祥子的性格特点？”

通过三轮互动问答环节，选出“名著阅读标兵班”和“名著阅读之星”。

4. 开展“名著诵读欣赏”活动

这一活动既可训练学生的朗读能力，又可锻炼学生在公开场合组织语言、运用语言、表现语言的能力，还可使学生感受蕴含在古今中外经典名著中的美。如：笔者在所任教班级开展过“读名著 · 学保尔 · 诵心曲”活动。一名学生曾饱含深情地朗诵：“人最宝贵的是生命。生命对于每个人只有一次。人的一生应该这样度过：当回忆往事的时候，他不会因为虚度年华而悔恨，也不会因为碌碌无为而羞愧……”

5. 开展“课初三分钟名著大讲坛”活动

笔者让学生利用每节语文课最初的三分钟时间，或讲述名著故事，如：“贝多芬不仅身材矮小，容貌丑陋，而且一直患有重病，后来发展到耳朵失聪。可是这位自尊心极强的音乐家仍然相信，﹁谁也无法战胜我，我要死死握住命运的咽喉﹂。他凭着超凡的毅力和奋斗精神从事音乐的创作，写出《命运交响曲》等传世之作”；或选读自己为名著撰写的颁奖词，如：“《钢铁是怎样炼成的》——理想主义的旗帜与人生的教科书；《名人传》——痛苦和磨难造就的伟人；《骆驼祥子》——旧北京人力车夫的辛酸故事；《朝花夕拾》——温馨的回忆与理性的批判；《简·爱》——人生追求的二重奏。”

四、结语

苏霍姆林斯基说过，教师必须教会少年阅读。阅读虽然是一个内化的过程，但也需要教师给予辅助和指导，其实这也是学生将阅读外化的过程。作为教师，我们需要做的是为学生提供外化的平台。通过怎样的方式更加有效地实践课外名著阅读教学是本文探究的重点。综上所述，我们可以看到教师课外名著阅读的课堂教学随意性严重、缺乏对学生具体而有针对性的指导、阅读评价形式单一等问题。这些问题辅以切实可行的策略、行之有效的教学都可以得到解决。首先是将课内外阅读相结合，激发学生的阅读兴趣，使学生主动投入阅读活动中去；其次，读写相结合，使得阅读有出口，形成双向互动的良性循环；再次，合理应用多媒体，这不仅是提升阅读兴趣的手段，更适应了不断变化的时代要求；最后，以课堂为主要载体，结合实际情况，利用多种活动形式促进学生课外名著阅读能力的提高。

（本文作者：张晓初　杨博雅　杨晓冬）

（原文发表于《语文教学通讯》2018年第2期）

从“三维目标”到“核心素养”

——对语文教学目标沿革与发展的探究

中华人民共和国教育部于2001年颁布的《基础教育课程改革纲要（试行）》（以下简称《纲要》），标志着我国新一轮基础教育课程改革的开始，在这份文件中“三维目标”的教学理念被突出强调。时隔十三年，中华人民共和国教育部又于2014年颁布了《关于全面深化课程改革落实立德树人根本任务的意见》，对“核心素养”进行了详细阐释并提出构建学生“核心素养体系”的命题。“核心素养”是在“三维目标”的基础上，为适应社会发展、顺应时代潮流、呼应个体诉求而产生的。从“三维目标”到“核心素养”的转变，可以看出我国基础教育课程改革的基本方向。

一、“三维目标”及其理念下语文教学目标的特点

2001年中华人民共和国教育部颁布的《纲要》，在对“课程标准”进行阐释的同时，提出“应体现国家对不同阶段的学生在知识与技能、过程与方法、情感态度与价值观等方面的基本要求，规定各门课程的性质、目标、内容框架，提出教学和评价建议”①。因此，由知识与技能、过程与方法、情感态度与价值观所构成的“三维目标”成为伴随我国第八次基础教育课程改革的重要教育理念，在近十几年中，其对规范语文教学目标的设计与制定产生了重要的影响。但在教学实践中，“三维目标”的弊端也日益凸显，引发了学界和业界的思考与反思。

（一）“三维目标”的产生及其意义

随着《纲要》的颁布，“三维目标”作为我国第八次基础教育课程改革的核心理念被突出强调，这表明教育改革的重点已由形式层面向内容层面转变，

① 中华人民共和国教育部.基础教育课程改革纲要（试行）[N].中国教育报，2001-02-27.

在教学内容上已向激活学生思维、提升学生能力、陶冶学生情感转变，在教学方法上更加注重能力、过程和方法。此外，“三维目标”以心理学家布鲁姆的教育目标分类学为理论基础，又与我国基础教育教学实际和需要相结合。所以“三维目标”的教学理念既是顺应当时世界教育改革大趋势的必然，又是我国基础教育课程改革发展到一定历史阶段的产物。

2001年新课改以来，“三维目标”产生了深远的影响，对语文教学最为直接的影响就体现在教学目标上：在形式上，一线教师在制定语文教学目标时按照“知识与技能”“过程与方法”“情感态度与价值观”三个维度来设计；在内容上，由一味地片面强调基础知识、基本技能变为强调知识、能力、过程、方法、情感、态度、价值观等多个维度的互动；在课堂教学上，则突出学生在课堂教学中的主体地位，将“自主探究”“合作学习”“分组讨论”等关乎学生的活动加入语文教学目标中，并在课堂教学中进行实践；在预设与生成上，“三维目标”指导下的语文教学目标强调教学过程的对话性。

（二）“三维目标”理念下教学目标的局限性

“三维目标”的提出，突破了“双基”偏重基础知识和基本技能的传统教学桎梏，无疑是对新课改之前教学目标的一种超越。但是，由于如何实现“三维目标”的方法论问题尚未得到解决，语文教学目标的设计因受“知识与技能”“过程与方法”“情感态度与价值观”的严格要求与束缚，出现了模式化、同质化倾向，这不仅限制了教学的灵活性，也使课堂失去了生命活力。

同时“三维目标”中的三个目标各自的理论基础与内涵是不相同、不协调，甚至相互矛盾的，即：“知识与技能”目标以行为主义为理论基础，强调一切学习规律均为让学生掌握基础知识和基本技能的策略；“过程与方法”目标以认知主义为理论基础，强调将完善学生的认知结构作为教学的一种追求；“情感态度与价值观”目标以人本主义为理论基础，强调“人”的主体地位。其中，行为主义和认知主义的相关理论已经相对成熟且可操作，“知识与技能”与“双基”同源，加之学业成绩仍是评价学生的主渠道，故教学基本上围绕第一维目标展开，致使第二维、第三维目标成为鸡肋。此外，过于注重文本分析而忽视学情，也是“三维目标”理念下语文教学目标的一个弊端。

二、"核心素养"及其理念下语文教学目标的特点

中华人民共和国教育部于2014年颁布了《关于全面深化课程改革落实立德树人根本任务的意见》，对"核心素养"进行了相关阐释并提出构建学生"核心素养体系"的命题。这标志着素质教育与课程改革步入新的发展阶段——核心素养的培育。在"核心素养"理念影响下，语文教学目标呈现出新时代的诸多特点。

（一）"核心素养"与"学科核心素养"的提出及其内涵

"核心素养"的理念是从国外引入的，国际组织和各个国家对于"核心素养"的内涵理解各不相同，但都制定了符合自身发展要求的"核心素养模型"，都对学生应具备的能力与素质做出了详细的规范要求。在我国，对"核心素养"概念的界定，目前学界公认的、比较权威的是林崇德教授的研究成果，即"核心素养是学生在接受相应学段的教育过程中，逐步形成的适应个人终身发展和社会发展需要的必备品格和关键能力"①。

在这一学术成果基础之上，2016年9月召开的中国学生发展核心素养研究成果发布会又将核心素养分为文化基础、自主发展、社会参与三个方面，综合表现为人文底蕴、科学精神、学会学习、健康生活、责任担当、实践创新六大素养，细化为十八个基本要点。由此可见，"核心素养"承担着满足个人终身发展需要和社会发展需要的双重使命，并始终将个人发展放在首位。

最新修订的《普通高中语文课程标准（2017年版）》将语文学科核心素养规定为"语言建构与运用""思维发展与提升""审美鉴赏与创造""文化传承与理解"四个方面。其中，"语言建构与运用"从学科知识上划分包括口头语言与书面语言两类，从学科能力上划分包括口头语言的听、说能力和书面语言的读、写能力。"思维发展与提升"包括语文的经验思维、语文的迁移思维和语文的反思思维。"审美鉴赏与创造"关系到对学生审美感受能力、鉴赏能力、创造能力的培养及学生对人生趣味和理想境界的追求。

（二）"核心素养"理念下教学目标呈现的特点

"核心素养"理念下的语文教学目标不再以知识为中心，而是以学生为中

① 林崇德.21世纪学生发展核心素养研究[M].北京师范大学出版社，2016.

心，这也就呼应了“以人为本”的发展价值观。

“核心素养”理念下的语文教学目标以激发学生的学习愿望、提升学生的学习能力、发展学生的个性为出发点和落脚点。它要求教师实现角色转变，成为学生学习活动的组织者、参与者、引导者、促进者、激励者、示范者。在课堂教学中，学生不仅要关注自己的学习结果，更要关注自己的学习过程，积极主动地参与教师“教的过程”，观察并思考教师在“教”的过程中所采取的策略与方法，将自己“学”的过程与教师“教”的过程有机地结合在一起，实现主体主导双优化。

三、从“三维目标”到“核心素养”看语文教学目标的发展

从“三维目标”到“核心素养”的基础教育课程改革过程实际上也是从“注重多维知识教学”到“注重人的发展”的教学目标的发展过程。“三维目标”是“核心素养”的重要组成部分,“核心素养”则是对“三维目标”的超越。

（一）“三维目标”与“核心素养”之间的关系

“核心素养”是“三维目标”的继承和强化。“核心素养”所强调的必备品格和关键能力，蕴含了知识、技能、态度三个层次，从这点上看，“核心素养”是对“三维目标”的继承。《国家中长期教育改革和发展规划纲要（2010—2020年）》明确要求:“要以学生为主体，以教师为主导，充分发挥学生的主动性，把促进学生健康成长作为学校一切工作的出发点和落脚点。”但我们不难发现，“三维目标”没能从人的视角去观照与审视教学过程，缺乏对人在发展中所需的必备品格和关键能力的描述和认知，而“核心素养”很好地回答了“培养什么样的人”“怎么培养人”的问题，并使我们的语文教学向纵深处发展，使语文教学的价值得以激发，本质得以凸显。

“核心素养”是“三维目标”的批判和发展。“核心素养”避免了教学目标制定上模式化、同质化的问题。“核心素养”以文化基础、自主发展、社会参与三个方面和人文底蕴、科学精神、学会学习、健康生活、责任担当、实践创新六大素养为系统，也就避免了“三维目标”对培养人的规范和要求零散杂乱的问题。此外核心素养”还提出了一些“三维目标”中没有的理念和内

容，如要让学生“具有国家意识，了解国情历史，认同国民身份，能自觉捍卫国家主权、尊严和利益……”①

（二）语文教学目标的发展

语文教学目标的发展经历了由“二维”到“三维”再到“多维”的发展过程，包含三大方面与六大素养的“核心素养”能够使学生在多个维度实现发展，以适应未来社会发展的需要。由重视知识转向重视学生的素养，成为语文教学目标的又一发展。开放性和未来性也是语文教学目标发展必须正视的关键词。在全球化与信息化的背景下，未来的中国社会将是一个充满变革与创新的社会，充满复杂性与挑战性。作为教育者，我们需要具有一定的超前性，以应对未来社会的这种“多变”和“不确定性”，我们需要主动适应和终身学习。在这样一个资源开放、学习过程开放、学习评价开放的数字化时代，应大力倡导教育不再仅仅局限于课本内、课堂内和学校内，应鼓励学生走出课本、走出课堂、走出学校，真正实现个体多维度的全面发展。朱熹说：“无一事而不学，无一时而不学，无一处而不学，成功之路也。”事事、时时、处处都可学习。教师应做的是为学生提供获取信息的渠道，最大限度地开阔学生的眼界，鼓励学生接受多维度的信息，培养他们的现代意识，在此基础上使学生学会鉴别与欣赏，从而能够实现思想能力与行动能力的双重成熟，成为社会中真正具有独立意识的个体。

（本文作者：张晓初）

（原文发表于《语文教学通讯》2018年第9期）

① 核心素养研究课题组.中国学生发展核心素养[J].中国教育学刊，2016(10).

实践篇

小 说

《孤独之旅》教学设计

【文本分析】

本文节选自曹文轩的长篇小说《草房子》。课文展示了主人公杜小康在牧鸭生活中，战胜恐惧和孤独变得成熟、坚强的成长历程。小说命名为“孤独之旅”，蕴含深刻意味。文中杜小康的人物形象，是在成长过程中丰满起来的。而小说中出色的自然环境描写（如芦荡、风雨）又为人物成长提供了广阔的背景。学习这篇课文，既能帮助学生扩展视野、丰富情感，又能激励学生对比自己的生活状态，树立奋进的信念，培养战胜困难的勇气。

【教学目标】

依据课题的要旨，语文课程必须根据学生身心发展和语文学习的特点，关注学生的个体差异和不同的学习需求，爱护学生的好奇心、求知欲，充分激发学生的主动意识和进取精神，倡导自主、合作、探究的学习方式。故确立本课的三维教学目标如下。

1.知识与能力目标

知识目标：理解并积累“一落千丈、置之不理、歇斯底里”等词语；理解小说内容，体会标题的含义。

能力目标：厘清故事情节，把握课文主题；体会小说中环境描写和细节描写对表现人物性格的作用，品味小说精美传神的语言。

2.过程与方法目标

（1）在自主合作探究中展开学生与文本、学生与学生、学生与教师、学生与作者的对话。

（2）诵读法：引导学生反复诵读，进入作品情境，理解课文内容。

3.情感、态度与价值观目标

感悟人物的成长历程，扩展视野，丰富情感体验，树立坚定信念，培养战胜困难的勇气。

【教学重点】

1.体验成长的感受。

2.理解细节描写对表现人物的作用。

突破方法：运用圈点勾画的方法，画出文中体现孤独的语句并加以分析，把握人物心理，体会主人公成长历程，理解细节描写的作用。培养学生良好的阅读习惯，突破重点。

【教学难点】

理解环境描写的作用。

突破方法：边朗读句段，边欣赏相关的画面，文字、画面相结合，引发学生的联想和想象，体会杜小康在不同环境中的内心活动，感受他的孤独情感，从而理解环境描写的作用。

【课时安排】

1课时。

【教学进程】

一、情景导入——“孤独”之旅

同学们:到了初三都觉得自己长大了。的确，你们的身高超过了父母、老师，但你的心理也“长大”了吗？能否独自面对生活的风雨？有一个少年，因家道中落而失学，跟随父亲到芦苇荡里放鸭。生活的艰苦、精神的寂寞，使他痛苦也令他长大。一场暴风雨后，他觉得自己突然地长大了，坚强了。你有这样“长大”的体验吗？今天学习小说《孤独之旅》。

设计意图

结合学情特点，为课堂营造氛围，并为学生走进文本做好铺垫。即完成“六步三阶段”中第一阶段中的“注意与预期”。

二、自读

用小说的三要素概括课文内容，梳理小说情节，并谈谈你阅读课文的感受。学生回答，教师归纳。

设计意图

1.通过自读的方式，让学生自主进入文本，整体感知文章，展开学生与文本、学生与教师的对话。把握文章的内容和主旨。于交流中使文章的主要内容，即小说三要素中的情节要素得以彰显，从而落实能力目标。

2.梳理故事情节这个能力在八年级已经落实过，通过这个环节完成“六步三阶段”中“激活原知识”。

三、品味“孤独”

1.分析人物细节描写，品“孤独之旅”的含义。

2.文中的自然环境描写很出色，为人物成长提供了广阔的背景。请找出几处，体会这样的描写对表现杜小康成长的重要作用。

设计意图

1.引导学生进一步深入文本，踏上与人物心灵对话的通幽曲径，去把握文心脉搏的跳动，强化他们的情感体验。

2.激发学生的探究意识，引导学生在文章的字里行间中，体会蕴含的情感，鼓励学生发表自己对此问题的独立见解。突破教学重难点，掌握小说三要素中的人物和环境的要素。完成“六步三阶段”中“选择性知觉”和“新信息进入原有命题网络”。

四、感悟“孤独”

1.成长是令人喜悦的，成长后在回望杜小康那串深深浅浅的脚印的同时，你从杜小康身上学会了什么？

2.请同学理解曹文轩先生是如何看待孤独的。

孤独是一种正常并且健康的心态——如果程度得当的话。它标志着一种人格的成熟，它使人少了许多盲目，它使人在嘈杂的生活中有了一份保护身心健康的清静。

曹文轩先生看到了孤独积极的一面。对敢于正视孤独的杜小康而言，孤独是坚强的磨刀石，是成长的催化剂。推而广之，生活中的挫折苦难都是财富，只要你像杜小康一样勇敢面对，你就会成长。

设计意图

通过学生的交流，理解孤独的含义，指导自己成长。即完成“六步三阶段”中第二阶段中的“认知结构的重建与改组（知识转化为能力）”这一步。

五、悦读，学习语言表达

让学生结合“孤独”“苦难”和“成长”等关键词，给本文写一段结束语。

设计意图

1.根据课文的内容进行读写活动，体现语文课程的实践性，并使学生的情感得到升华，在语文学科教学中渗透情感、态度与价值观目标。

2.完成“六步三阶段”中第三阶段中的“技能在新情境中的应用”这一步。

六、拓展作业

讲讲你的成长道路上的故事和感悟。围绕着成长写一篇600字的作文。

七、板书设计

孤独之旅

曹文轩

人物：杜小康——经受磨难，逐渐成熟、坚强

环境 { 鸭群、芦荡、风雨 } → 人物成长的广阔背景

设计意图

板书设计也是本课力求打造的一个亮点。同时通过板书来完成“六步三阶段”中第三阶段中的“根据线索提取知识”这一步。

（本文作者：天津市第二十中学　康晓丹）

（指导教师：杨晓冬）

《林黛玉进贾府》教学设计

【文本分析】

《林黛玉进贾府》节选自《红楼梦》第三回，是全书的序幕之一，它通过一个从未到过贾府的人物——林黛玉的眼光，对贾府的环境和主要人物进行了细致的描绘。

随着林黛玉踏入贾府，人们逐渐感受到贾府这个簪缨世家的气派和贾家的尊贵地位，这便是作品中人物所生活的环境，正是在这样的典型环境里，他们形成了各自的性格。

在人物描写、性格塑造等方面，作者曹雪芹写作手法多样，或虚、或实、或正、或侧，或以环境衬托暗示，或以衣饰精雕细刻，或用对比、衬托的方法，或展示人物自身的活动，或取个性化的语言，或抓瞬间的情态表现……

【教学目标】

依据课题的要旨，语文课程应以学生身心发展和语文学习为基点，通过自主、合作、探究的学习方式，在情景化、生活化的学习环境中，充分激发学生的学习热情，使学生在知、情、意、行等各个方面，得到发展提升。故确立本课的三维教学目标如下。

1. 知识与能力目标

（1）创设比较点，深入探究“哭与笑”的细节与人物形象塑造的关系。

（2）从文中筛选有关“哭”的细节，并从程度、方式等方面建立图表进行比较。

（3）熟练运用比较阅读方式，实施关于“笑”的自主探究。

2. 过程与方法目标

（1）借助图表，引领学生建立个性化阅读的坐标体系。

（2）实施小组合作学习，鼓励文本创新探究。

（3）利用新的阅读途径，小组探究，分享阅读成果。

3.情感、态度与价值观目标

（1）在教师创设的开放阅读空间里，借助合作探究，强化合作研讨、资源共享的阅读理念。

（2）通过打破常规的个性化阅读，鼓励学生的创新意识。

（3）借助比较法、图表法等方式，引导学生理性阅读，注重文本解读。

【教学重点】

以"哭"与"笑"为突破口，对人物形象进行解读。

【教学难点】

感性与理性，常态与反常态的文本探究。

【课时安排】

1课时。

【教学进程】

一、温习旧知，谈话导入

1.利用课间时间，播放歌曲《红楼梦曲·枉凝眉》，为学生创设语文学习情境。

2.由课题引入，与学生交流以下几个问题："林黛玉为什么进贾府？"（重音在"进"上，强调进贾府的背景。）"林黛玉为什么进贾府？"（重音在"贾府"上，强调与贾府的关系。）"初到贾府都见到了谁？"（明确人物之间的关系）"在这样的情况下黛玉会有怎样的心理呢？在学生们的畅所欲言中，教师小结，板书。

设计意图

结合学情与文本特点，运用必要的教学媒介、方法为课堂营造一种轻松、温馨、符合文本意蕴的氛围，通过问答与学生交流为走进文本作好铺垫。即完成"六步三阶段"中第一阶段中的"注意与预期"和"激活原知识"。

二、自读，探究“哭”的艺术

（一）归纳——列哭

1.学生展示交流课前完成学案的成果，让学生体会在阅读鉴赏中，通过比较同一个人在不同时间点的表现，或不同的人在同一时间点的不同表现，进而把握人物形象的特点。

在林黛玉进府后“见贾母及众人”“见王熙凤”这两个场景中，对众人“哭”态的归纳。

		程度	方式		
贾母	女儿、外孙女		心肝肉叫着		
林黛玉		哭个不住			
侍立之人					
王熙凤					

2.请同学有感情地朗读几处关于哭的描写（可以带有表演）。

（二）分析——品哭

提问1：谈一谈让你们组印象深刻是谁的哭？哪方面印象最深刻？你们对人物性格的理解是什么？

幻灯片出示：

王熙凤：善于察言观色、善于机变逢迎，揭示了得贾母宠爱的原因。

林黛玉：言行谨慎小心、顾全大局礼节、寄人篱下的处境。

提问2：哭的各不相同是由什么来决定的呢？（仅引发学生的思考，不揭示答案。）

设计意图

1.通过自读的方式，让学生自主进入文本，感知文章，展开学生与文本、学生与教师的对话。从文中筛选有关“哭”的细节，创设比较点，深入探究“哭”的细节与人物形象塑造的关系，从而突出教学重点。

2.引导学生从文章局部进行自主阅读，进行深层次的阅读鉴赏，展开学生与文本、学生与学生、学生与教师的对话。为学生搭建展示学习成果的平台，力求于师生对话中有所生成。于交流中使比较阅读方式得以熟练运用。从而落实过程与方法目标，突出教学重点。

3.完成“六步三阶段”中第一阶段中的“选择性知觉”和“新信息进入原有命题网络”这两步。

三、研读，探究“笑”的艺术

1.运用对“哭的艺术”的探究方法，分组完成对“笑的艺术”的探究。

2.学生展示探究成果。

设计意图

1.引导学生进一步深入文本，实践比较鉴赏方法，去把握细节与人物形象塑造的关系，细腻品味人物形象特征，深入解读文本。

2.激发学生的探究意识，引导学生突破以往解读人物形象特征的方式，借助图表法和比较阅读的方式，给予学生解构和再构文本的一个新的途径。同时也把理性阅读、自由阅读的理念渗透给学生，为以后的阅读建立思维和方法的基础。从而落实过程与方法目标，突破教学难点。

3.完成“六步三阶段”中第二阶段中的“认知结构的重建与改组（知识转化为能力）”这一步。

四、深读，探究哭与笑的作用

1.进一步探究：文学作品中人物的一颦一笑和什么紧密相关？这些有关人物形象的信息可以归纳哪两个方面？

2.小结。

设计意图

1.在学习阅读鉴赏方法的基础上，进一步归纳、升华知识，同时在学习过程中点燃学生阅读、感悟、思考、交流、合作的热情，促进了他们思维创新和拓展，实现了文本、学生、教师的多重对话，让语文课堂充满活力。体现语文课程的实践性，在语文学科教学中渗透情感、态度与价值观目标。

2.完成“六步三阶段”中第三阶段中的“技能在新情境中的应用”这一步。

五、拓展作业

运用本节课所学方法，就“宝黛”第二次见面的场景，对另外一个重要人物——贾宝玉的“哭”态与“笑”态进行深入研读。

六、板书设计

设计意图

通过板书来完成“六步三阶段”中第三阶段中的“根据线索提取知识”这一步。

林黛玉进贾府

人物形象	哭 笑	比较	身份 心情 环境	地位 思想性格

（本文作者：天津市第五中学　刘雨泽）

（指导教师：孙宏）

《装在套子里的人》教学设计

【文本分析】

《装在套子里的人》是高中语文教材必修五第一单元中的第二篇。这个单元主要是学习小说，重点是把握小说主题和情节，分析人物形象。人物性格的刻画往往直接提示主题，情节的发展、矛盾的解决也常常表现主题。通过小说教学，可以让学生充分领略语言文字丰富多彩的表现力，了解我们所生活的这个大千世界，即通过阅读小说这本“小书”，来翻阅人生这部“大书”。“世事洞明皆学问，人情练达即文章”，学生可以借助语文课了解世态人情和立身处世之道。这充分体现了语文课的人文性。

《装在套子里的人》这篇小说反映了19世纪末沙皇俄国的黑暗现实，塑造了“套中人”别里科夫这一典型形象。这是中学语文教材中的传统篇目，篇幅短小却意味深长，诙谐幽默中透着严肃悲哀，可以说令人百读不厌，不愧是经典名篇。

【教学目标】

依据课题的要旨，语文课程必须遵循学生的身心发展规律，尊重学生作为学习主体的身份，注重学生的审美体验，陶冶其性情，涵养其心灵。使学生在学习过程中能感受形象，品味语言，领悟作品的丰富内涵，体会其艺术表现力，有自己的情感体验和思考。努力探索作品中蕴涵的民族心理和时代精神，了解人类丰富的社会生活和情感世界。灵活运用精读、略读、浏览、速读等阅读方法，提高阅读效率。发展独立阅读的能力。注重个性化的阅读。

基于这样的理解，我确立了本课的教学目标和重点、难点。

1.知识和能力目标

（1）把握主题，分析人物。

（2）培养学生整体把握能力，发展学生独立阅读的能力。

（3）品味语言，培养学生的语感。

（4）提高对小说的鉴赏力，鼓励学生的个性化阅读。

2. 过程和方法目标

（1）设疑激趣，让学生在阅读中体会习得的乐趣。

（2）体验自主、合作、探究的学习方式。

3. 情感、态度和价值观目标

认识“套子”在现实生活中的危害，培养学生的创新意识。

【教学重点】

1. 分析人物形象，探究人物的典型意义。

2. 品味鉴赏小说的语言艺术。

【教学难点】

把握小说主题。

【课时安排】

1课时。

【教学进程】

一、问题导入，设疑激趣

先读课文的最后两段，由此切入，便于设疑。

根据小说结尾设计三个问题，让学生带着问题阅读全文，探究答案。

问题一：根据我们的既往经验，一个人的死亡通常激起人们怎样的情感？一个人死亡后的影响力如何评价？

问题二：别里科夫是一个怎样的人？为什么他的死大快人心？

问题三：为什么好景不长，生活又恢复旧样子，而且装在套子里的人层出不穷？

设计意图

1. 既然小说告诉读者要打破“套子”，我们在进行这一课的教学时，也不妨来点创新。可以从小说的结尾切入，先阅读小说的最后两段。结尾两段先是说埋葬别里科夫那样的人是一件大快人心的事，我们都非常快活，然后却说一个礼拜还没有过完，生活又恢复旧样子，尽管埋葬了别里科夫，可是这种装在套子里的人却层出不穷，将来不知道还有多少。在这个教学环节中，让学生带着问题进行有的放矢的阅读，避免盲目的泛化的阅读，效率会更高一些。

2.完成“六步三阶段”中第一阶段中的“注意与预期”和“激活原知识”这一步。

二、探究阅读，解决问题

1.别里科夫是一个“装在套子里的人”，他有哪些套子？

（1）他在生活中有哪些可笑之事？从文中找出相关语句。

（2）别里科夫是一个封闭孤僻、躲避现实、害怕变革、维护旧制的人。

他自己不仅总是战战兢兢，畏首畏尾，厌倦生活，了无生趣，更可怕的是，他把整个中学乃至全城的人辖制了足足十五年。他是一个装在套子里的人，而且用套子辖制了周围的人们，是有着巨大的破坏力的小人物。所以，当他死后，人们如释重负，顿感自由。这一环节把对人物形象和情节的分析融为一体。

2.“套子”是一种比喻的说法，试着诠释它的含义。

从表面上看，是别里科夫的奇异装束和生活怪癖，是他所教授的古代语言。而实际上，是思想的套子。这样的套子禁锢社会，压制自由与民主，束缚人们的思想。如果不破除这个套子，人们就会像囚牢中的囚犯一样永远无法呼吸自由的空气，享受民主权利。

这一环节把对主题的揭示融入其中，要结合十九世纪末俄国沙皇专制统治的黑暗现实。

3.成果交流，水到渠成。

设计意图

1.教师和学生，学生和学生之间需要共同针对这些问题进行探索，并在探索的过程中交流。教师应引导学生设身处地地去感受体验，重视对作品中形象和情感的整体感知与把握。教师既是与学生平等的对话者之一，又是课堂阅读活动的组织者，学生阅读的促进者。

2.教师引导学生切入文本，从字里行间发现有价值的信息，并展开学生与文本，学生与学生，学生与教师之间的对话。教师要善于激发或发现学生的兴趣和需要，鼓励学生积极学习，主动参与；善于洞察学生的内心世界，尊重学生的个性和才能；鼓励学生的个性化阅读，从而落实教学的重点和难点。

3.完成“六步三阶段”中第一阶段中的“选择性知觉”和“新信息进入原有命题网络”这两步。

三、深入探讨，升华主题

1.如何将“人”解放出来？

打破“套子”，作者呼唤一场从思想领域到政治领域的彻底革命。

2.文章的结尾令人沮丧，你能看到改变现状的希望吗？

（1）能。

因为新生力量已在成长，华连卡姐弟就是代表人物。而历史已经验证，俄国革命已在酝酿并最终取得了颠覆性的胜利。

（2）不能。

因为作者看到了人们内心深深的恐惧和奴性，尽管沙皇统治早晚会终结，但根植于人们内心深处的劣根性又怎能轻易消失？这让人联想到中国的作家鲁迅，写专制政府与愚弱国民，写民族性，写劣根性，而“我”作为旁观者痛心疾首。

设计意图

1.教师应尊重学生个人的见解，鼓励学生批判质疑、发表不同意见。教师的点拨是必要的，但不能以自己的讲解分析代替学生的独立阅读。在这一环节的讨论中，教师不能把现成的答案提供给学生，而是通过有目的的环环相扣的设疑来一步步地提示新旧知识联系的线索，帮助学生建构当前所学知识的意义。而为了使意义建构更有效，教师应在可能的条件下组织协作学习（讨论交流），并对协作学习的过程进行引导使之朝有利于意义建构的方向发展。

2.完成“六步三阶段”中第二阶段中的“认知结构的重建与改组(知识转化为能力)”这一步。

四、品味语言，借鉴手法

1.机智幽默，辛辣嘲讽。

2.漫画夸张，细节取胜（让学生自己阅读课文，找出实例）。注意小说中的细节描写，这些经过艺术加工而又不失真实性的细节描写往往非常耐人寻味，反复咀嚼后仍余韵悠长，齿颊留香，成为津津乐道的经典。

3.描写一个你觉得非常有特点的人物。

设计意图

1.让学生学以致用，进行写作训练，将阅读和写作无缝对接。

2.完成“六步三阶段”中第三阶段中的“技能在新情境中的应用”这一步。

五、拓展迁移，联系实际。

1.我们的生活中是否也有“套子”？怎样看待这些“套子”？

2.我们的身边有“别里科夫”吗？

六、板书设计

画一个写意的“套子”，即“口袋”（正方形）。

封闭孤僻

维护旧制 　　　 躲避现实

害怕变革

先归纳别里科夫的人物形象，然后画“套子”，最后在套子中装入“人”，就变成了一个“囚”字。

囚

精神的套子，思想的套子将别里科夫和周围的人都变成了某种意义上的囚犯，成为19世纪沙皇专制统治下的囚犯，没有自由，没有民主，没有独立思想，没有健全人格的囚犯。

那么，如何将“人”解放出来，将囚犯变成自由的人呢？这是引人深思的问题。仅仅埋葬一个别里科夫是不够的，要让“人”作为有尊严有意义的个体存在，就必须消灭套子。

人

动态的板书设计：　　口 → 囚 → 人

设计意图

笔者精心设计了板书，体现动态的巧思。这个环节完成“六步三阶段”中第三阶段中的“根据线索提取知识”这一步。

（本文作者：天津市第二中学　牛红娜）

（指导教师：曾辉）

《边城》教学设计

【文本分析】

1934年，沈从文回到阔别十多年的湘西故乡。看惯了大都市，尔虞我诈，世态炎凉的作家，重新感受到故乡人身上保留的那种原始的人性美，也感受到了由于现代文明的侵入，这种原始的人性美行将消失的情景。于是创作了中篇小说《边城》。

> 我主意不在领导读者去桃源旅行，却想借重桃源上行七百里路酉水流域一个小城市中几个凡夫俗子，被一件普通人事牵连在一处时，各人应得的一分哀乐，为人类的“爱”字作一度恰如其分的说明。
>
> ——沈从文

【教学目标】

本文属于人教版高中语文必修五的小说自读篇目。学生学习了《林教头风雪山神庙》和《装在套子里的人》之后，已经对小说的鉴赏与分析有了进一步的掌握。本课旨在充分激发学生的自主学习意识，进一步培养文学审美鉴赏能力。

1.知识与能力目标

（1）通过品读人物的语言描写、心理描写，培养语言鉴赏能力，并分析翠翠、爷爷等人物形象。

（2）通过分析人物关系与环境特色来把握文章的主题。

2.过程与方法目标

（1）泛读与精读相结合，以学生的阅读为线索，教师的阅读提示为指导，培养学生整合阅读信息的能力。

（2）阅读兴趣的激发与阅读结论的归纳相结合，帮助学生形成自己的阅读观点。

3. 情感、态度与价值观目标

（1）领略作品散文化的叙事笔调、生活化的人物语言所营造的古朴而典雅、流畅而清新的氛围。

（2）通过解析古老的风俗习惯、质朴的人物性格，师生共同探究出作品的主题。

【教学重点】

1. 品味语言，把握人物的心理与性格。

2. 领悟文中展现的人性之美。

【教学难点】

剖析质朴的人物性格和古老的风俗习惯，探究作品的主题。

【课时安排】

1课时。

【教学进程】

一、激发兴趣，创设情境

1. 课前播放黄磊的歌曲《等等等等》，为学生的语文学习创设情境，且此曲是基于《边城》创作的，也在提示学生小说的故事梗概。

2. “世界那么大，我想去看看。”我想问问同学们，如果有机会，你想去哪儿看看？

看得出来，同学们想去看的地方太多了。如果问我的话，我必去的一个地方就是沈从文笔下的“边城”。“边城”在哪儿呢？就是今天的湘西凤凰。本节课我们就一起走进边城，走近那里可爱的人们，领略一下那里的别样魅力。

设计意图

结合学情特点，为课堂营造一种轻松、温馨的氛围，同时创设优美的文学意境，自然引入到本文环境特征和情节梗概上，为学生品读文本作好铺垫。

即完成“六步三阶段”中第一阶段中的“注意与预期”和“激活原知识”这两步。

二、检查自读效果，赏析文本

（一）检查预习，落实基础知识。

（二）了解作者、写作背景，以及“京派小说”的艺术特色。

1.作者简介

沈从文，原名沈岳焕，湖南凤凰县人。现代著名作家，历史文物研究学者，京派小说代表人物。代表作：短篇小说《丈夫》《贵生》《三三》；中篇小说《边城》，长篇小说《长河》。

沈从文创作的小说主要有两类：

（1）以湘西生活为题材，通过描写湘西人原始、自然的生命形式，赞美人性美，如《边城》等。

（2）以都市生活为题材，通过都市生活的腐化堕落，揭示都市自然人性的丧失，如《绅士的太太》《都市一妇人》等。也正由于这种对以金钱为核心的“现代文学”的批判，以及对理想浪漫主义的追求，使得沈从文写出了《边城》这样的理想生命之歌。

2.写作背景

1934年，沈从文回到阔别十多年的湘西故乡。看惯了大都市的尔虞我诈、世态炎凉，他重新感受到故乡人身上保留的那种质朴的人性美，也感受到了由于现代文明的侵入，这种人性美行将消失的情景，于是创作了中篇小说《边城》。

《边城》充满浓郁的湘西乡土气息，寄托了沈从文“美”与“爱”的理想，是他作品中最能表现人性美的一部，是现代文学牧歌传统中的巅峰之作。其地位仅次于鲁迅的《呐喊》，它曾于1987年和1988年两度得到诺贝尔文学奖提名。沈从文的文字是中国文学最美的象征。

3.相关知识

京派小说是20世纪30年代一个独特的文学流派，主要成员有周作人、废名、沈从文、李健吾、朱光潜等。称之为“京派”，是因为其作者在当时的京津两地进行文学活动。其作品较多在京津刊物上发表，其艺术风格在本质上有较为一致之处。主要刊物有《文学杂志》《文学季刊》《大公报·文艺》。

“京派”的基本特征是关注人生，强调艺术的独特品格。他们的思想是讲求纯正的文学趣味所体现出的文学本体观，以“和谐”“节制”“恰当”为基本原则的审美意识。沈从文是京派作家的第一人。

（三）文本解读

1.梳理情节，检查预习情况

要求：课前已经布置了预习任务，现在由学生概括文本每部分的内容。

明确：

第三节，边城紧锣密鼓筹备龙舟赛。

第四节，两年前翠翠巧遇二老傩送。

第五节，一年前翠翠巧遇大老天宝。

第六节，渡口边迎婚送亲撩拨情思。

总结：在概括的过程中，我们不难发现小说的核心要素——环境（茶峒城、端午节的氛围），翠翠的少女情怀，二老傩送。由此，我们可以用这样一句话来概括：在合适的环境、合适的年龄遇上合适的人。

（1）分析边城的自然环境特点

要求：

①利用多媒体展示几幅湘西凤凰的风景图片，请学生记录下自己的直观感受。

②请同学们快速浏览课文，找出描写自然风景的语句，加以分析。

明确：

①偏僻、安宁、淳朴，远离了现代文明的侵扰，是没被打扰的安宁与美好的世外桃源。

②豆绿色的水、天气明朗、落日、薄雾、白云。

“豆绿色”——象征了纯洁、原始和无污染。（欣赏沱江风景，突出水的豆绿色，给人一种纯天然无污染的感觉）青天碧水，落日白云构成一幅色彩明丽的风景画。边城的环境美，不仅体现在自然风景上，还体现在风俗美和人情美上。

总结：从细致处着手，善于运用声音、气味来写景，并把景物和人物描写结合在一起，使之成为人物的一部分。作者自己曾经说：“我平常最会想象好景致，且会描写好景致。”

（2）文中主要写的是端午节，其实文章也写了中秋节和过年，这些习俗透露出边城人怎样的生活氛围？为什么要以端午节为重点？

要求：分析小说中不同的节日特征，加以比较鉴赏。

①端午节：龙舟赛、捉鸭子比赛；过年：月下对歌；中秋：狮子龙灯、

放烟花

②祥和、和睦、和谐的生活氛围。

③端午节是竞争展现男性之美(速度、力量之美)的重要节日，而这种男性的粗犷之美，恰是打开少女心扉的那把钥匙。

总结：小说突破单纯的自然环境描写，展现古朴的风俗习惯。环境描写的鉴赏呈现深意和梯度性，逐步接近作者所要表达的主旨。

2.鉴赏人物：人性美

问题：在作者的笔下，主要写了哪几个人？请分别分析人物的形象特点。

要求：

①分组分析，筛选相关语句，抓住人物的语言、动作、神态、心理等。

②同组内同学之间互相交流，认为分析得好的，予以鼓励。

③推选每组做得好的同学，在全班交流，同学们共同讨论。

明确：

（1）翠翠

①十分依赖爷爷，两人相依为命。（和爷爷的相关对话）

②纯真、可爱（语言：我是翠翠。回答时的神情：轻轻地、悖时砍脑壳的。）

③情窦初开、聪慧、矜持。

（2）傩送

①关心别人，古道热肠。

②心地宽厚，热情开朗。

（3）爷爷

首先，爷爷非常疼爱翠翠。比如看赛龙舟时，他不忘叮嘱别人送翠翠回家。再看，爷爷与乡邻的关系。

①爷爷与“老熟人”。

“且因为那人比渡船老人更孤单，身边无一个亲人，也无一只狗，因此便约好了那人早上过家中来吃饭，喝一杯雄黄酒。”

“两人一面谈些端午旧事，一面喝酒，不到一会儿，那人却在岩石上被烧酒醉倒了。”

分析：两个寂寞的老人，一辈子的老交情。端午节，别人都在图个热闹，他们却找了个清净之地，无拘无束，自由自在，喝杯雄黄酒，来个一醉方休。

俗话说“酒逢知己千杯少”，他们之间纯朴的友情怎不令人羡慕呢？

②爷爷与过渡人。

分析：这里的人情非常淳朴、厚道。第六部分有这样一个情节，一个人乘船过河后，一定要给钱，而爷爷坚持不肯收，为此两人还起了争执。爷爷的一句话给我留下了深刻印象，他说：“礼轻仁义重。”虽然他不肯收人家的钱，但他还是领了这份情。

③爷爷与顺顺。

分析：关爱至亲、勤劳朴实、善良淳朴、重义轻利。

“凡帮助人远离患难，便是入火，人到八十岁，也还是成为这个人一种不可逃避的责任。”送鸭子和粽子给爷爷。

总结：自然的男女恋情；纯朴的祖孙亲情；古朴的邻里友情。

设计意图

1.文章较长，需要安排学生预习赏读。在课堂上，让学生自主进入文本，展开文本、学生、教师之间的有效对话。明确小说要素，把握文章的内容和主旨之美，从而突出教学重点。

2.引导学生任务明确的进行自主阅读，体会语言之美。为学生搭建展示学习成果的平台，力求于师生对话中有所生成。

即完成“六步三阶段”中第一阶段中的“选择性知觉”和“新信息进入原有命题网络”这两步。

3.深入研读，探究主旨。

三、深入研读，探究主旨

要求：

1.学生写出本文表达情感的关键词。

2.同学展示自己拟写的关键词，合作探究。

（1）如何理解作品中翠翠的形象就是作者理想中爱与美的人生形式的化身？

点拨：

翠翠是个纯真美丽的少女，是作者理想中美的人生形式的化身，她爱与自己相依为命的爷爷，也爱生她养她的大自然。

她既有对爱的向往和痴情，又有少女的敏感、羞涩和矜持。这个纯真的少女对爱情有着执着的追求，但她的追求并不外现为强烈的行为，而是表现为朦胧的隐秘的内心波动，外表的娴静、羞涩与内心的渴望、激荡相互交融。翠翠的形象集中地体现了作者对美好人性的追求。

（2）作者为什么要把边城湘西普通人的生活写得如此美好？

点拨：

边城，就是边地的小城，指远离城市的边远小镇。从时间、文化上考虑，“边城”是大城市的腐朽生活和“庸俗小气自私市侩”的风气的对立面。它代表了沈从文对故乡未被现代物质文明摧毁的淳朴民风的怀念，作者呼吁重建民族的品德与人格。

设计意图

1.引导学生进一步深入文本，与作者进行心灵的对话，从而产生情感上的共鸣。

2.激发学生的探究意识，运用多种方式引导学生走进文章的字里行间，体味文本所蕴含的深刻情感。

3.鼓励学生发表自己的独立见解。于交流和表达中树立自信，产生积极有效的审美体验。即完成“六步三阶段”中第二阶段中的“认知结构的重建与改组（知识转化为能力）”这步。

四、发散思维，自主表达

其实我们已经知道，翠翠和傩送的爱情是一个有始无终的悲剧，只是没有那么惨烈，一切如此温婉含蓄，哀而不伤。

《边城》为我们传递的不是单纯的爱情，而是爱。其实我们每个人心里都住着一个翠翠，关于亲情，关于友情，关于爱情……永恒的翠翠，永恒的爱情，永恒的《边城》。请同学们课后阅读《边城》原著，你一定会有新的感触，请记录下来。

设计意图

根据课文的内容，拓展阅读，进行读写活动，体现语文课程的实践性，并使学生的情感得到升华。在语文学科教学中渗透情感、态度与价值观教育。

即完成“六步三阶段”中第三阶段中的“技能在新情境中的应用”这一步。

五、板书设计

边城

沈从文

- 边城的环境（美）
  - 风景美（自然环境）
  - 风俗美（端午、中秋、过年）
  - 人性美
    - 亲情：祖父——翠翠
    - 爱情：翠翠——傩送
    - 友情：祖父——老朋友、顺顺、渡河商人批判

主旨

赞美

呼吁

设计意图

通过板书来完成“六步三阶段”中第三阶段中的“根据线索提取知识”这一步。

（本文作者：天津市民族中学　李杨）

（指导教师：周滨）

散文及现代诗歌

《雨的四季》教学设计

【文本分析】

本课是人教版语文七年级上册的一篇自读课文，它是写景抒情散文单元的阅读篇目。写景抒情散文单元的鉴赏重点，是在整体把握散文思想内容和艺术形式的基础上，品味散文的语言，赏析散文的表现手法。这也是学生的阅读能力得以提高的一个重要环节。

【教学目标】

语文教学应激发学生的学习兴趣，培养学生自主学习的意识和习惯，引导学生掌握语文学习的方法，为学生创设有利于自主、合作、探究学习的环境。故确立本课的三维教学目标如下。

1.知识与能力目标

（1）从知人论事角度出发，简单了解刘湛秋的生平经历。

（2）品味抒情散文通过写景、状物来抒写作者情致和意趣的方法。

（3）分析细节，培养通过文章展开联想与想象的能力。

（4）培养自主鉴赏文章与即兴表达的能力。

2.过程与方法目标

（1）配乐朗诵，将教师范读与学生诵读结合起来，注意朗诵的语气、节奏，用诵读加深理解。

（2）调动学生积极性，引导他们自己展开联想与想象，并提出问题，探究问题。

（3）将教师点拨与学生自读相结合，体会作者的思想感情。

3.情感、态度与价值观目标

（1）由作者对四季雨的不同性格的描绘，感受自然万物的美好。

（2）明确生命的意义与价值。

【教学重点】

1.分析四季的雨不同的特点，体会作者对雨寄托的思想情感。

2.赏析本文的语言特色。

【教学难点】

展开联想与想象，感受自然界的美，并用形象生动的语言表达出来。

【课时安排】

1课时。

【教学进程】

一、进入课文情境

1.课前五分钟美文欣赏，特意安排同学朗读关于“雨”的文章，为学生的语文学习创设情境。

2.雨是大海的女儿，是天使的眼泪，是大地的微笑，是文人的宠儿。古人有很多写雨的诗句，同学们能说一说吗？学生们畅所欲言后，教师小结。

3.检查预习。

设计意图

结合学情，创设丰富多彩的教学情境为学生学习文本作好铺垫。即完成“六步三阶段”中第一阶段中的“注意与预期”和“激活原知识”这两步。

二、探究课文内容

1.有感情地朗读课文。

2.体会并说出每个季节的雨的特点。

3.你最喜欢作者笔下哪个季节的雨？找出相关语句并品析。

设计意图

1.引导学生从文章局部进行自主阅读，课文主体是描写春夏秋冬四季雨的形象。因此，让学生概括每个季节的雨的特点，是本课教学的一个重要环节，需要教师耐心引导，展开学生与文本、学生与教师的对话。从而，落实过程与方法目标，突出教学重点。

2.引导学生钻研文本，使学生在积极主动的思维和情感活动中，加深理解和体验，有所感悟和思考，受到情感熏陶，获得思想启迪，享受审美乐趣。珍视学生独特的感受、体验和理解。加强对学生阅读的指导、引领和点拨，但不应以教师的分析来代替学生的阅读实践，不以模式化的解读来代替学生的体验和思考。

3.完成“六步三阶段”中第一阶段中的“选择性知觉”和“新信息进入原有命题网络”这两步。

三、研读课文含义

1. 如何理解文中“雨”这一意象？

2. 理解作者表达的思想感情，分析文章写法。

设计意图

1.引导学生对课文的内容和表达有自己的心得，能提出自己的看法，并能运用合作的方式，共同探讨、分析、解决疑难问题。适时地将教学提升到人文精神教育的层面。从而，落实过程与方法目标，突破教学难点。

2.完成“六步三阶段”中第二阶段中的“认知结构的重建与改组（知识转化为能力）”这一步。

四、进行迁移实践

观察身边的自然景物，试着写一篇写景小散文，或一个写景小片段。

设计意图

1.根据课文的内容进行读写活动，引导学生将课文中学到的写作手法运用到写作中去，体现语文课程的实践性。

2.重视写作教学与阅读教学之间的联系，将读与写有机结合，相互促进。

3.完成“六步三阶段”中第三阶段中的“技能在新情境中的应用”这一步。

五、作业

读几首刘湛秋的诗歌，感知诗人的心灵世界。

六、板书设计

美丽 喜欢	春雨：新鲜、娇媚 夏雨：热烈、粗犷 秋雨：沉静、端庄 冬雨（雪）：自然、平静	爱恋 渴望

（本文作者：天津市第四十二中学　孙玥）

（指导教师：凌贵杰）

《秋天的怀念》教学设计

【文本分析】

法国作家缪塞说："最美丽的诗歌是最绝望的诗歌，有些不朽的篇章是纯粹的眼泪。"《秋天的怀念》就是这样的作品。《秋天的怀念》由一个个细小的生活片段连缀而成，看似寻常，却都直击人的心灵最柔软的地方。文章用"秋天到北海看菊花"这件事把这些零碎的片段串在一起，将母亲的苦难与伟大集中且生动地呈现在读者面前，感人至深。文章语言朴素、真切，写出了作者对生活的真实体验，在语文能力的培养和情感的提升方面，其地位都是十分重要的。

【教学目标】

1.知识与能力目标

（1）有感情地朗读课文，把握文章主要内容。

（2）学习"披文入情"的散文阅读方法。

2.过程与方法目标

深入文本，通过朗读、圈画、批注，品味文中描写母亲的动作、神态、语言的语句，领悟文中蕴含的浓烈而深沉的母爱。

3.情感、态度与价值观目标

（1）深入理解作者的复杂情感：对母亲深切的怀念，自己的悔恨与愧疚，对于生存困境中"好好儿活"的领悟。

（2）联系生活实际，理解亲情。

【教学重点】

深入文本，通过朗读、圈画、批注，品味文中描写母亲的动作、神态、语言的语句，领悟文中蕴含的浓烈而深沉的母爱。

【教学难点】

深入理解作者的复杂情感：对母亲深切的怀念，自己的悔恨与愧疚，对于生存困境中“好好儿活”的领悟。

【课时安排】

2课时。

【教学进程】

一、导入·走进秋天的情境

欣赏秋天的图片，描绘秋天的景色，营造伤感低回的情境，引出课题。

设计意图

结合学情特点，创设情境，为学生走进文本做好铺垫，完成“六步三阶段”中第一阶段中的“注意与预期”和“激活原知识”这两步。

二、初读·了解秋天的故事

请多位同学分段配乐朗读课文，提示把握感情基调，注意语气、节奏变化。

设计意图

以朗读引领学生走进文本，初步感知文章。

三、品读·感受伟大的母爱

1.阅读文章首段，体会作者伤心、暴怒、绝望的心境。

2.自主阅读，将体现母亲对儿子的爱的词句圈画出来，有感情地读一读，体会母亲的良苦用心。

3.找出体现史铁生的母亲当时身体情况的句子，有感情地朗读，理解母亲的默默隐忍，体会母亲对“我”深沉的爱。

设计意图

引导学生深入文本，抓住细节，细致地品味语言，理解母亲对“我”的深沉的爱。完成“六步三阶段”中第一阶段中的“选择性知觉”和“新信息进入原有命题网络”这两步。

四、悟读·读懂秋天的怀念

1.“我”的“好好儿活”

（1）你觉得史铁生在饱含着怎样的情感来怀念母亲？找找最能体现作者感情的句子，有感情朗读（注意重读的词）。

① 可我却一直都不知道，她的病已经到了那步田地。

② 她出去了，就再也没有回来。

③我没想到她已经病成那样，看着三轮车远去，也绝没有想到那竟是永远的诀别。

（2）齐读第七自然段。你觉得此时的“我”理解母亲了吗？试着揣摩“我”的心理，写一段“我”看花时的内心独白。组内交流，班内分享，教师点评。

（3）阅读拓展材料，深入体会。

（4）小结。

母亲逝去后，作者回想起过往点滴，满怀痛苦、悔恨、遗憾和愧疚，直到这时，他终于理解了母亲的期望：无论遭遇怎样的厄运，无论选择怎样的人生之路，都要“好好儿活”，活得坚韧，活出尊严，活出自我生命的个性与美丽。

设计意图

走进文本深处，和作者产生心灵对话，通过反复的阅读、品味、交流，体会作者复杂的心情，以及文章所蕴含的深刻、厚重的人生思考。完成“六步三阶段”中第二阶段中的“认知结构的重建与改组（知识转化为能力）”这一步。

2. 联系实际，感悟亲情

本文是否引发了你的一些联想？哪些事情曾让你感受到母亲及其他亲人的爱？你感受到的母爱与史铁生笔下的母爱有什么异同？你是否也有过对亲人的漠视、对亲人的愧疚？……在音乐中静静回想，组织语言，在全班口头交流。

设计意图

联系生活，进行口语交流，建立起课文与生活的联系，让课文的情感涤荡心灵，实现情感、态度价值观目标，完成“六步三阶段”中第三阶段中的“技能在新情境中的应用”。

五、小结

六、作业

1.截取生活中父母让你感动的瞬间，写一段200字的文字，注意细节的呈现。

2.如果有兴趣，读一读史铁生的《合欢树》《我与地坛》。

（本文作者：天津外国语大学附属外国语学校　经鑫）

（指导教师：李梅）

《说和做——记闻一多先生言行片段》教学设计

【文本分析】

文章思路相对清晰，引用闻一多先生名言开篇，直接点题，开门见山。前半部分介绍了闻先生写作《唐诗杂论》《楚辞校补》《古典新义》三本书的情况，刻画了闻一多先生前期潜心学术、不畏艰辛、废寝忘食、数十年如一日的敬业精神，体现了闻先生“学者的方面”“做了再说，做了不说”。后半部作者选取参加游行示威、起草政治传单、群众大会的演说三件事作为例证，表现了闻一多先生“革命家的方面”“说了就做”，言行完全一致。两部分互为补充，使得闻一多严谨刻苦的治学态度、无私无畏的斗争精神、澎湃执着的爱国热情以及言行一致的高尚人格跃然纸上。而闻一多这个卓越的学者、大智大勇的革命烈士，他的一生只用了六件事就表现出来，足见其选材的精当，结构的严谨。

因此将训练学生理清文章思路作为这一课的一个要点比较恰当。同时，通过训练让学生意识到，理清思路不是我们的真正目的，真正的目的是理清文章思路从而更好地理解文章。

这篇文章的语言风格不是单一的，但文章的语言运用形式却是与文章的内在形式需求是和谐共生的：写作“古典学者的闻一多先生”部分的语言是典雅的，文白夹杂的；“大勇的革命烈士”这个写作部分的语言是豪放的，充满激情的。这些都体现出“语言是文学的第一要素”这个基本认知。

【教学目标】

依据课题的要旨，语文课程必须根据学生身心发展和语文学习的特点，关注学生的个体差异和不同的学习需求，爱护学生的好奇心、求知欲，充分激发学生的主动意识和进取精神，倡导自主、合作、探究的学习方式。故确立本课的三维教学目标如下。

1.知识与能力目标

（1）整体感知文意，理清文章脉络。

（2）抓住文章记叙的片段描写，分析把握人物的品格和精神。

（3）品味文章诗化的语言。

2.过程与方法目标

（1）自主合作探究中展开学生与文本、学生与学生、学生与教师、学生与作者的对话。

（2）在多重朗读中品味细节，鼓励学生对文本进行个性化解读。

3.情感、态度与价值观目标

学习闻一多严谨、谦逊的治学态度，言行一致的做人原则。

【教学重点】

1.整体感知文意，理清文章脉络。

2.抓住文章记叙的主要事件，把握人物的品格和精神。

【教学难点】

1.抓住文章记叙的主要事件，把握人物的品格和精神。

2.品读重要语句，探究体会语言的内蕴。

【课时安排】

1课时。

【教学进程】

一、设置悬疑，介绍导入

1.利用二分钟铃，播放歌曲《七子之歌》，猜猜词作者是谁，激发学生探究的兴趣。

2.引用毛泽东曾在《别了，司徒雷登》一文中赞扬闻一多的话：“闻一多拍案而起，横眉怒对国民党的手枪，宁可倒下去，不愿屈服。”了解闻一多先生的英雄气概。

3.学生将搜集到的有关闻一多先生的资料做成幻灯片进行展示，旨在走近闻一多先生。

设计意图

结合学情特点，为课堂营造一种积极好学、慷慨激昂的氛围，并为学生走进文本做好铺垫。即完成“六步三阶段”中第一阶段中的“注意与预期”和“激活原知识”这两步。

二、默读课文，整体感悟，理清文章脉络

1.检查预习，落实书后“读读写写”。

2.学生自读文章。边思考，边做批注。

（1）全文是从____________方面和__________方面写闻一多先生的“说”和“做”的。

（2）为表现闻一多先生的这两方面，作者分别选取了什么材料加以表现?

（3）作为学者的闻一多先生和作为革命家的闻一多先生分别是怎样对待“说”和“做”的?

（4）对于“学者的方面”和“革命家的方面”作者是怎样过渡的?

3.交流：把握文章的主要内容，明确文章的脉络。

设计意图

1.通过自读的方式，让学生自主进入文本，整体感知文章，把握文章的丰富内容和严谨的结构，从而突出教学重点。

2.引导学生从文章局部进行自主阅读，抓住关键语句，展开学生与文本、学生与学生、学生与教师的对话。为学生搭建展示学习成果的平台，力求让师生在对话中有所生成，在交流中让文章的脉络清晰明确。从而落实过程与方法目标，突出教学重点。

3.完成“六步三阶段”中第一阶段中的“选择性知觉”和“新信息进入原有命题网络”这两步。

三、研读，品味文章，合作探究，走进人物的精神世界

通过分析文章题目，找到分析文章人物的切入点。——围绕闻一多先生的“说”和“做”，分析片段描写。

1.品读“做”了什么

课文中对闻一多的语言、肖像有许多具体描写，如“炯炯目光”“头发零乱”“昂首挺胸”“长须飘飘”“目不窥园”。还有细节描写，如“一个又一个大的四方竹纸本子，写满了密密麻麻的小楷，如群蚁排衙”。凡此种种，都能起到再现闻一多先生那令人尊敬的高大形象的作用，使他的精神、品格、作风都成了具体可感的东西。

分析“做”的目的：寻求救国之路。表现了闻一多先生：严谨刻苦的治学态度。

2. 朗读“说”了什么

感悟“说”的内容和语气，体会闻先生无私无畏的斗争精神，并播放视频《最后的演讲》。

3. 小结人物性格

可以看出闻一多先生赤诚的爱国之心，甘愿为祖国而献身的大无畏的英雄气概。

设计意图

1.引导学生进一步深入文本，激发学生的探究意识。引导学生品读，走进文章的字里行间，透过纸面去体味纸背后所蕴含的情感，所塑造的人物。鼓励学生发表自己的独立见解。于交流中理解闻一多先生的精神和品质。从而落实过程与方法目标，突破教学重点和难点。

2.完成“六步三阶段”中第二阶段中的“认知结构的重建与改组（知识转化为能力）”这一步。

四、赏析语言，体会诗化的散文语言

1.学生朗读自己喜欢的或者认为有深刻内涵的语句，品味其中的关键词语，探究语句的含义，体会语句饱含的感情。

2.通过朗读，体会诗化语言的效果：结构整齐、有节奏感、朗朗上口、铿锵有力、富于音乐美。

设计意图

1.根据课文的内容开展朗读活动，使学生的情感得到升华，在语文学科教学中渗透情感、态度与价值观目标。

2.完成“六步三阶段”中第三阶段中的“认知结构重建与改组”这一步。

五、总结存储，拓展延伸

1.补全句子，使之朗朗上口

闻一多先生为了________________而________________地说。

闻一多先生为了________________而________________地做。

2.教师小结

本文以闻一多先生的“说和做”总领全文，作者前半部分介绍了闻先生写作《唐诗杂论》《楚辞校补》《古典新义》三本书的情况，刻画了闻一多先生前期潜心学术，不畏艰辛，废寝忘食，数十年如一日的敬业精神，着力表现闻一多先生“做了再说，做了不说”的精神，体现了闻先生“学者的方面”；后半部分写闻一多先生“说”了就“做”，言行完全一致，作者选取起草政治传单、群众大会演说、参加游行示威三件事作为例证，表现了闻先生“革命家的方面”。两部分互为补充，使闻一多先生严谨刻苦的治学态度、无私无畏的斗争精神、澎湃执着的爱国热情以及言行一致的高尚人格跃然纸上。

设计意图

1.根据课文的内容进行读写活动，体现语文课程的实践性，使学生的情感得到升华，在语文学科教学中渗透情感、态度与价值观目标。

2.完成“六步三阶段”中第三阶段中的“技能在新情境中的应用”这一步。

六、板书设计

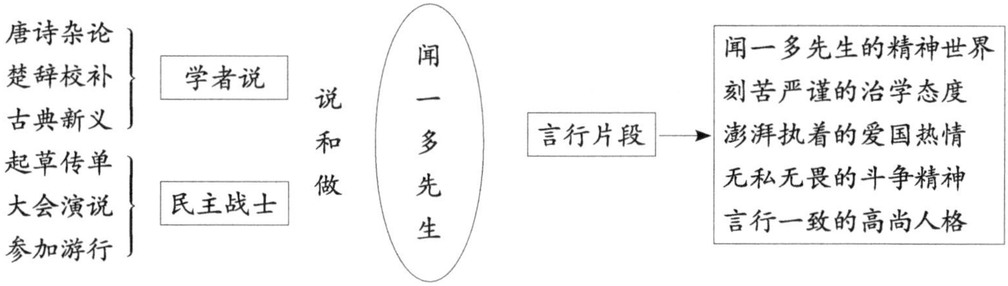

设计意图

板书设计也是本课力求打造的一个亮点。同时通过板书来完成“六步三阶段”中第三阶段中的“根据线索提取知识”这一步。

（本文作者：天津市培杰中学　聂家琳）

（指导教师：凌贵杰）

《紫藤萝瀑布》教学设计

【文本分析】

本课是宗璞先生的散文名篇，作者在文中借景抒情，托物言志，从紫藤萝花由衰转盛的境遇中感悟到花和人都会遇到各种各样的不幸，但是生命的长河是无止境的，我们应该超越暂时的、个人的苦难，在困苦中锤炼坚强乐观的生命，在人生道路上奋力向前的哲理。

【教学目标】

本课的学习，不但要在熟悉学生学情的基础上，为实现课标所要求的“欣赏文学作品，有自己的情感体验，初步领悟作品的内涵，从中获得对自然、社会、人生的有益启示。对作品中感人的情境和形象，能说出自己的体验；品味作品中富于表现力的语言”打下良好的基础，而且也要在课堂上因课制宜地开展生命教育，为学生今后的成长，为他们的人生，打下一个“精神的底子”，为他们的青春生命注入坚强的基因。因此制定教学目标如下。

1.有感情地诵读课文，体会文章优美生动的描写，以“美”的语言陶冶生命。

2.探寻作者的感情变化，学习本文借景抒情、托物言志的特点，以“知”的学识丰富生命。

3. 结合补充材料，体会本文蕴含的人生哲理，培养积极乐观的人生态度，以“韧”的精神坚强生命。

【教学重、难点】

对于语言的品味和对人生的体悟都是本课教学的重点，难点则在于如何在教学中将二者有机结合起来，如何让学生深入体会本文借景抒情的表达形式。

解决方法：教学中教师引导学生精读文本，细品语言，抓住景物特点，体会景物描写中蕴含的情感，知其美更知其所以美，对文中一些难懂的语句障碍，教师要通过介绍写作背景和补充相关知识加以突破。

【课时安排】

1课时。

【教学过程】

一、导入

在大屏幕上出示紫藤萝的图片，让学生猜测学习内容，并阐明推断的理由。

设计意图

这一部分通过图片使学生对文章所写景物有一个直观感受，并通过图片引导学生抓住紫藤萝在视觉上的突出特点“瀑布”，将学生和作者对于景物的感受连接起来，为他们搭建一座走进文本的桥梁。

二、美美地读

在此环节，首先由教师范读课文，学生勾画生字词，通过两个小游戏“大家来找碴”和“对号入座”，巩固字词知识。

设计意图

以教师的范读将学生引入文章优美的语言中去，并通过对字词知识的落实，为学生的自主阅读扫清障碍，小游戏的形式更容易激起学生兴趣，符合学生活泼好奇的心理特征。

通过以上两个环节，完成“六步三阶段”中第一阶段，唤醒学生的“注意与预期”，将“新信息进入原有命题网络”。

三、细细地赏

在此环节，请学生自由朗读课文，并找出自己认为文中对紫藤萝的描写最为精彩的一个片段，分析其美点所在，可从修辞、用词、感官等方面进行分析，与同学进行交流，表达自己的想法。

设计意图

自由朗读为了是让学生快速进入课文创设的优美情景中去，教师通过具体的提示，引导学生自主、合作的研读具体语句，从感性到理性地对文章的语言美进行分析，学习作者在描写景物上的巧妙技法，并引导学生抓住眼前藤萝“盛”的特点，为后文的体味人生感悟作好铺垫。

四、深深地悟

1. 设置问题研讨

（1）文中出现的紫藤萝都是“盛”的吗？作者的情感始终是愉悦的么？

（2）作者的焦虑和悲痛从何而来，又因何而去？文中插入枯藤的描写有何作用？

2. 背景资料补充

材料一：本文写于1982年5月，当时作者的弟弟身患绝症，医治无望（1982年10月弟病逝）。宗璞与弟弟感情深厚，弟弟去世后，宗璞专门作文《哭小弟》以作追念 。

材料二：宗璞，原名冯钟璞，著名哲学家冯友兰之女。

材料三：《幽径悲剧》：“经过了史无前例的十年浩劫，不但人遭劫，花木也不能幸免。藤萝们和其他一些古丁香树等，被异化为“修正主义”，遭到了无情的诛伐。六院前的和红二三楼之间的那两棵著名的古藤，被坚决、彻底、干净、全部地消灭掉。是否也被踏上一千只脚，没有调查研究，不敢瞎说；永世不得翻身，则是铁一般的事实了。”

设计意图

这个环节抓住文章的抒情线索，引导学生由景入情，引发思考，跟随作者的感情变化起伏，理清文章的写作思路：赏花而喜，忆花而忧，悟花而振奋，作者因紫藤萝由衰而盛的命运发展产生人生感悟，引导学生在寻找变化原因的过程中发现了文章的中心句“花和人都会遇到各种各样的不幸，但是生命的长河是无止境的”，并结合背景材料，对它有了更加深入的理解。

五、编写“花语”

以重新编写“花语”的形式，引导学生提炼文章中心。

设计意图

“花语”是人们赋予花朵的情感与理想，编写花语的过程就是对文章主题深入理解的过程，也是把作者对生命的认识转化为自我生命感知的过程。以此了解借景抒情类散文由“景”入“情”再入“理”的一般写法。

通过以上三个教学环节，完成“六步三阶段”中第二阶段，完成“认知结构重建与改组”，将对于课文的“知识”转化为阅读借景抒情类文章的“技能”。

六、以诗悟文

通过教师自己创作的一首小诗为例，鼓励学生以多样的方式进行阅读积累。例：

是流动的瀑布，
抑或绽放的笑脸，
孕育出一场紫色的梦幻。
时光在花瓣间流连，
真情在馨香里漫延。
我在这里停下脚步，
又从此刻加速向前，
紫藤萝在心底召唤：
悲痛与喜悦，
宁静与不安，
都无碍生命长河，
奔流不息，无止无边！

七、写作拓展

拓展阅读：读宗璞《哭小弟》悟生命之殇，读季羡林《幽径悲剧》悟生命之悔。

写作练习：运用所学知识，自拟题目，创作一篇写景抒情的作文。

设计意图

通过以上两个教学环节，完成“六步三阶段”中第三阶段，完成“技能在新的情境中应用”。

【板书设计】

紫藤萝　作者

盛 赏花——喜
衰忆花——忧　｝生命长河无止境
盛 悟花——振奋

（本文作者：天津市汇森中学　赵勇）

（指导教师：李梅）

《一颗小桃树》教学设计

【文本分析】

《一棵小桃树》是中国当代著名作家贾平凹创作的一篇托物言志的散文，文章明写了“我”儿时种下的一棵小桃树坎坷的成长过程，暗写自己受挫的人生经历，从而表达了对小桃树特殊的情感和对人生的深刻思考——人生道路上无论遇到什么困难，都要不屈不挠、坚强奋斗，创造美好未来。这篇文章不论是从提高学生阅读文学作品的能力，还是提升写作水平上来说，都具有非常重要的作用。

【教学目标】

依据课题的要旨，将语文课堂还给学生，使其充满生命的活力，每一个学生都在自主、合作、探究的过程中充分参与到学习中，体现学生的主体性，故确立本课的三维教学目标如下。

1.知识与能力目标

（1）有感情地朗读，整体感知课文内容，了解这棵小桃树的成长过程。

（2）理清行文思路，体会插叙的好处。

2.过程与方法目标

（1）在自主、合作、探究中体会作者对小桃树的情感。

（2）在比较阅读中分析小桃树和“我”成长过程的异同，加深对文章内容和主旨的理解，并学习托物言志的写作手法。

3.情感、态度与价值观目标

学习小桃树顽强的精神，培养学生坚强不屈的精神以及与困难作斗争的勇气。

【教学重点】

1.把握作者的思路，体会插叙的好处。

2.学习托物言志的写作手法。

【教学难点】

理解课文蕴含的人生哲理——不屈不挠的奋斗定会战胜磨难，创造出美好的未来。

【课时安排】

1课时。

【教学进程】

一、联系生活，激趣导入

每年四月的天津市桃花堤的桃花节，同学们都去过吧，看到盛开的桃花你有什么感受呢？自古桃花、桃树就是春天和美好的代名词，还记得我们学过的那些与此有关的古诗、古文或成语吗？今天，我们要认识一棵小桃树，它看上去并不那么美好，它经历了哪些风雨呢？这是一株怎样的桃树呢？让我们一起来阅读贾平凹先生的《一棵小桃树》。

设计意图

展示在桃花堤拍的桃树、桃花的照片，选择学生生活中熟悉的场景激趣导入新课，能迅速吸引学生的注意力，调动学生的学习兴趣，营造轻松的课堂氛围，为学生走进文本做好铺垫。即完成“六步三阶段”中第一阶段中的“注意与预期”和“激活原知识”这两步。

二、自读课文，初识桃树

1.检查预习，落实课文中的重点字词。

2.课前查阅资料，课堂上由同学简介作者以及写作背景。

3.学生自读课文，初步感知，回答如下问题。

（1）课文围绕小桃树写了哪些情景？

（2）快速浏览，从文中可以看出这是一棵怎样的小桃树？（要求：用“——”画出对小桃树描写的词句）

（3）全文在写作顺序的安排上有什么特点？这样安排有什么好处？

4.交流。

（1）注意文章中表示时间的词语，概括与小桃树有关的情景。

（2）抓住描写小桃树的重点词句，概括这是一棵怎样的小桃树。

（3）理清行文思路，体会插叙的好处。

设计意图

1.布置课前小预习，鼓励学生先学，让“学”走在“教”的前面，使学生主动进取。

2. 带着问题，自读课文，展开学生与文本、学生与学生、学生与教师的对话，感知文章的内容和结构之美，实现对教学重点中的第1点的突破。

3.引导学生用圈点勾画的方法读课文，画出对小桃树描写的词句，通过理解这些词句，概括小桃树的形象，一方面体现了师生、文本、作者的多层对话，另一方面培养了学生的自主学习的能力，促进其自主学习习惯的形成，落实知识与能力目标。

4.完成“六步三阶段”中第一阶段中的“选择性知觉”和“新信息进入原有命题网络”这两步。

三、研读课文，探究情感

1.默读全文，思考作者对小桃树有怎样的情感？“我”为什么关心、怜爱这棵小桃树？

2. 本文写了小桃树的成长过程，暗写了“我”的人生经历，请将二者进行比较，你会有怎样的人生感悟？（小组合作，完成如下的图表）

	小桃树	“我”	二者异同
成长环境			
成长经历			
遭受待遇			
受挫态度			
人生感悟（主旨）			

3.回忆我们在课文《紫藤萝瀑布》中学习的托物言志的手法，说说本文中物言志的写作方法是如何运用的。

设计意图

1.引导学生在比较阅读中深入探究文本，走入作者的内心，感受作者对人生的感悟，强化学生的情感体验，并且在比较中进一步理解了托物言志的写作手法，学生之间的合作学习，激发全体学生的学习兴趣，调动了每一个学生学习的积极性，使每一个学生都积极主动地去探索、去学习。落实过程与方法目标，实现了教学重点中第二点和教学难点的突破。

2.完成“六步三阶段”中第二阶段中的“认知结构的重建与改组（知识转化为能力）”这一步。

四、学以致用，再品情感

1.同学们，一棵孱弱、命运曲折的小桃树历经风雨仍努力生存，它不屈不挠、顽强同命运抗争的精神令我们心生敬意，我们在生活中也会遇到各种挫折。比如，考试失利、朋友误解、亲人离世……在以后生活中遇到这样的挫折，你会怎么做呢？请尝试用文中学到的托物言志的写作手法来倾诉你心声吧！提示：可以用“悬崖上的松柏（傲立雪中的梅花、破茧而出的蝴蝶……），我想对你说……”为开头。要求：150字左右。

2.结语。同学们，我们每个人都会有自己的梦想，它是我们心田上绽放的花朵，有了梦想，便有了一个信念，一份追求。只要我们怀揣梦想，就要永远记得：不屈不挠的奋斗，定会战胜磨难，创造出美好的未来。我们坚信：明天会更好！

设计意图

1.“挫折教育”对于中学生意义非凡，希望这一课的学习能让学生在今后生活中积极应对各种挫折。根据课文主旨设计了读写活动，体现语文课程的实践性以及育人功能，并使学生的情感得到升华，实现情感、态度与价值观目标。

2.完成“六步三阶段”中第三阶段中的“技能在新情境中的应用”这一步。

五、拓展作业

阅读茅盾的《白杨礼赞》，进一步体会托物言志的写法。

六、板书设计

一颗小桃树

贾平凹

托物言志	桃树（明）	可怜 → 花蕾 → 坚持奋斗
	“我”（暗）	挫折 → 理想 → 创造美好

设计意图

板书呈现本节课的重难点，学生对所学内容一目了然，完成了“六步三阶段”中第三阶段的“根据线索提取知识”这一步。

（本文作者：天津市第八十中学　滕卫卫）

（指导教师：孟凡云）

《社戏》教学设计

【文本分析】

《社戏》是部编版语文教材八年级下册第一单元第一篇课文。部编版教材的突出特点是双线组织单元结构，既强调语文与生活的关联又保证语文综合素养的基本训练。本单元课文的内容都具有“民俗文化”的元素，《社戏》是鲁迅小说中的美文，多年来一直被奉为经典。就体裁而言，它属于小说。就内容而言，它是以“社戏”这一江南水乡文化活动为线索，通过“我”和少年伙伴们夏夜行船、船上看戏、月下归航等情节的描写，展示了“我”的一段天真烂漫、童趣盎然的生活经历。这篇课文使学生感到亲切、有趣味，容易唤起的心灵共鸣，而且新课标更突出了学生的心灵品悟和个性解读。因此，语文课堂教学除了教会学生使用语文工具外，还要培养学生对文化生活、对文学艺术的广泛兴趣和鉴赏能力。学习《社戏》这篇课文时，学生与文本，学生与学生，学生与老师之间的碰撞将使他们获得丰富的情感体验，因此，这篇课文在这一学段这一单元中的地位是极其重要的。

【教学目标】

1. 知识与能力目标

理清文章的脉络，把握文章的内容。学习小说围绕看戏这件事，记叙详略有致，疏密相间的写法。

2. 过程和方法目标

了解本文词语使用的准确性，通过分析景物描写和人物刻画，提高语言鉴赏的能力。

3. 情感态度和价值观目标

体会作者对童年美好生活的回忆和留恋，认识劳动人民的淳朴、善良、友爱、无私的美好品德，培养追求纯真自由生活、热爱劳动人民的思想感情。

【教学重点】

1.引导学生体会景物描写对表达中心的作用。

2.了解人物性格，理解表现劳动人民的纯朴可爱和怀念社戏的关系。

【教学难点】

1.本文结尾对“豆”与“戏”的评价、赞美的理解。

2.理解作者的创作意图，深刻感受作者诚挚的爱国情怀。

【课时安排】

3课时。

【教学进程】

一、古诗导入，童年引读

1.齐读两首小诗:《少儿垂钓》与《村居》。

2.与同学们交流这两首诗的共同点。

3.教师小结，引出《社戏》，是鲁迅先生根据自己一段童年经历所创作的小说。

设计意图

调动学生情感是上好本课的首要条件，情境创设力求体现语文教学的人文关怀，力求营造一种轻松、和谐、民主、平等的课堂氛围，学生朗读充满儿童稚气的两首古诗，在童年生活的回忆中融入课文。即完成“六步三阶段”中第一阶段中的“注意与预期”。

二、回顾前课，梳理情节

围绕课题，从时间角度来看，全文是怎样安排的？从叙事角度来看，都记叙了哪些事情？

随母归省——乡间生活（看戏前）——戏前波折——夏夜行船——船上看戏——月夜归航——偷豆煮豆（看社戏）——戏后余波（看戏后）。

设计意图

再次重温情节，加深对内容的整体感知，为深入解读文本做好充分准备。即完成“六步三阶段”中第一阶段中的“激活原知识”。

三、走进文本，记住一句话

1.文中的“我”是如何评价社戏的？

“真的，一直到现在，我实在再没有吃到那夜似的好豆，——也不再看到那夜似的好戏了。”

2.请大家自由放声朗读三遍，看看我们能从这句话里读出哪些信息？

3.学生发言。

设计意图

生本对话，抓住文章中的文眼，提纲挈领，围绕重要问题研讨，达到“牵一发而动全身”的效果。即完成“六步三阶段”中第一阶段中的“选择性知觉”和“新信息进入原有命题网络”。

四、深入研讨，说清一件事

1.那夜戏到底是不是特别精彩？那夜的豆是不是特别好吃呢？

无论是“我”看戏的心情，还是小伙伴们看戏的表现都说明——戏不好看！豆只用清水煮熟，加了点盐，那夜的豆不好吃！

2.在此基础上继续深入探究“戏好看、豆好吃”，好在哪？

那夜，戏不好看，豆也不好吃，但文章结尾“我”却说“真的，一直到现在，我实在再没有吃到那夜似的好豆，——也不再看到那夜似的好戏了，”这看似矛盾的结尾，你是如何理解的？究竟是什么让“迅哥”觉得那个夜晚这么好，以至于久久不能忘怀？

3.小组讨论，生本对话，生生合作。

4.学生自由发言，生生对话，师生对话。

5.教师归纳总结 。

设计意图

此环节是教学的重点和难点，学生自由发言，从多方面说出自己对文本内容的解读和鉴赏，教师在此基础上进行引导、评价、归纳总结。学生不仅深入研读文本，和文本进行深入对话，而且生生之间进行合作探究，让学生借助自己阅读的体验，说出自己的感受，培养分析、运用信息及表达自己见解的能力，在品读赏析中体会自然之美和语言之美，总结归纳小说景物描写的特色和塑造人物的方法，培养学生的审美意识和审美能力，实现互动与评价，力求学生的所得是真正意义上的理解，从而达到生成式的动态教学，在潜移默化中实现语文素养的提升。即完成“六步三阶段”中第二阶段中的“认知结构的重建与改组”。

五、理解主旨，走近作者

1.介绍创作背景

1922年前后，作者看到了曾饱含热望的辛亥革命终遭夭折的悲惨结局，也目睹了仍处于军阀混战、封建割据下的种种黑暗、落后、冷酷、污浊的社会现状，本文便创作于这一时期。《社戏》选自《呐喊》，和它同期的作品有《狂人日记》《阿Q正传》《故乡》。

2.补充资料延伸

幻灯片显示《狂人日记》《阿Q正传》《故乡》《坟·我们现在怎样做父亲》等相关资料。

3.教师点拨归纳

鲁迅小说《社戏》中所展现的，恰是儿童理想的成长环境。平桥村不仅是“我”的乐土，更是作者精心营造的新的“桃花源”。这里暗含了作者的社会理想。由此可见，所谓“那夜似的好豆”“那夜似的好戏”，代表了作者对天真烂漫自由有趣的这段童年生活的美好回忆，更充满了一种浪漫的理想主义色彩，表现了作者对人生理想境界的渴望和追求，也是对黑暗现实的批判，感受到了鲁迅强烈的爱国热情。

设计意图

为了帮助学生更好地深入理解作者的创作意图，教师不仅介绍创作背景，而且延伸到同样收纳在《呐喊》中同一时期的作品，搭建阶梯，引导学生一步步接近主旨，自然而然地深刻领悟到作者深沉真挚的爱国热情，突破难点，使学生的情感得到升华，在语文学科教学中渗透情感、态度与价值观目标。即完成“六步三阶段”中第二阶段中的“根据线索提取知识”。

六、联系生活，拓展延伸

1.学生讲述自己的童年趣事

童年的一切总是那么美好，它好像一颗糖果，让我们一想到就能感受那甜甜的味道，你有没有有趣的童年故事想分享给大家呢？

2.教师小结

在歌曲《童年》中结束本课，一起再去重温那令我们魂牵梦萦的时光。

设计意图

语文教学应是开放的，本设计旨在拓宽语文学习的内容，开辟语文学习的空间，打通由课内向课外的延伸渠道，让学生带着生活经验与感受走进语文课堂，又带着语文课堂的收获与感悟走向社会生活，提升阅读的价值，培养学生积极的人生观、价值观。即完成“六步三阶段”中第三阶段中的“变式练习，知识转化为技能”和“技能在新情境中的应用”。

七、课后作业

1.阅读《社戏》原文开头部分，体会作者写不同的看戏经历，表达了一种怎样的情思。

2.你是否也有过一次愉快的旅行或难忘的童年故事？请写下来与大家分享。

设计意图

考虑学生的实际，实行分层次作业，便于学生操作。部编版教材重视阅读能力和阅读兴趣的培养，建设“三位一体”的阅读教学体系，第一项作业也拓展丰富学生阅读的空间，继续延展“六步三阶段”中第三阶段中的“变式练习，知识转化为技能”和“技能在新情境中的应用”。

八、板书设计

美好回忆	景色清新优美 人性淳朴善良 生活自由和谐	理想社会

设计意图

板书是借助视觉，作用于学生大脑的重要教学手段，它将抽象的教学内容直观化，使复杂的教学内容明确化，板书是一门直观表达的艺术，是吸取信息的一个重要途径。本课板书设计简明扼要，内容主旨兼顾，重点突出，层次清晰，充分体现了板书为教学服务的功能，展现了“六步三阶段”中第二阶段中的“认知结构的重建与改组”和“根据线索提取知识”。

（本文作者：天津市第四十二中学　李云静）

（指导教师：凌贵杰）

《春酒》教学设计

【文本分析】

人教版语文教材八年级下册第四单元是以民俗为主题和主要内容的。民俗是人类文明积淀中一个重要的组成部分。中华民族有着五千多年的历史，民俗更是异彩纷呈，关注民俗可以更好地了解民生和民族文化。而《春酒》正是这个单元中极具特色的一篇诗化散文。文章通过展现故乡特殊的春酒风俗，表达了思乡的主题。笔触细腻，有着浓厚的风土人情。春酒、会酒，醉了母亲，醉了“我”，也醉了无数读者，“我”的天真可爱，母亲的善良能干，乡人的淳朴厚道，在“春酒”“会酒”席上不断氤氲开来，弥漫成浓浓的人情民风之美，具有淳厚、优美的意蕴。

【教学目标】

依据课题的要旨，语文课程必须根据学生身心发展和语文学习的特点，关注学生的个体差异和不同的学习需求，爱护学生的好奇心、求知欲，充分激发学生的主动意识和进取精神，倡导自主、合作、探究的学习方式。故确立本课的三维教学目标如下。

1.知识与能力目标

（1）有感情地朗读课文，整体感知文章意蕴。

（2）解读课文语句，理解作者通过叙述家乡的风土人情表达的浓浓思乡之情。

2.过程与方法目标

（1）学生通过朗读、探究、合作交流的方式，品味语言，领悟情感。

（2）运用媒体创设情境，在情境中阅读。

3.情感、态度与价值观目标

领会文中流淌的思乡之情，激发学生关注身边生活，发现并领略生活的诗意。

【教学重点】

有感情地朗读课文，感受作品所传达的思乡之情。

【教学难点】

体味作品舒放自然、充满情趣的语言，理解作者通过叙述家乡的风土人情来表达的浓浓思乡之情。

【课时安排】

1课时。

【教学进程】

活动一：你说我说，话新年。

请同学们谈自己过新年的经历与感受，从而过渡到走进琦君的故乡浙江，去感受那里独有的风土人情。

设计意图

本环节有利于激发学生的生活体验，创设阅读氛围。孩子对新年总有许多丰富的感受，在课前引导学生漫谈自己过新年的故事、体会。引导学生感受那些经历中所蕴含的情感和意蕴。创设情境，激发学生走进文本进行体验阅读。即完成“六步三阶段”中第一阶段中的“注意与预期”和“激活原知识”这两步。

活动二：走近琦君，认识琦君。

在课前预习的基础上，先请学生介绍有关琦君的情况，之后教师补充小结。运用媒体技术信息呈现量大的特点，让学生了解琦君，了解琦君的作品，了解琦君的创作风格。

设计意图

了解了作者以及她的创作风格，便为学生更好地品评文学作品搭设了一方平台，即完成“六步三阶段”中第一阶段中的“选择性知觉”和“新信息进入原有命题网络”这两步。

活动三：初尝春酒，倾听作者深情的倾诉。

媒体展示浙江当地过年的风俗画，并配以舒缓的音乐，调动学生的情绪，激发学生的阅读情感。同时请几位同学与教师合作朗读，其他同学边听读边思考。

1.文章写了与春酒有关的哪些事？

2.作者仅仅是怀念家乡的春酒吗？

听读后组织思考讨论，交流，以完成对文章的初步感知。

设计意图

1.本环节中音乐与画面的整合，为学生创设了一个如诗如画的意境，以便更好地调动起学生的情感。师生合作朗读，让学生感受到平等意识，有效激发学习兴趣。通过师生入情入境地朗读，提炼概括，学生对文本的内容与情感会有一个整体的感知。

2.完成“六步三阶段”中第二阶段中的“认知结构的重建与改组”这一步。

活动四：细品春酒，让思乡情随酒香荡漾。

小组合作讨论、探究：

1.作者家乡有哪些美好的地方值得她如此眷恋呢？之后小结：

民俗之美：新年虔诚地迎神拜佛，有诸多禁忌，添了几许神秘；元宵节后，换下的供品堆得“满满一大缸”，孩子们兴奋、快乐；家家邀饮春酒、贺喜道福。寥寥几笔就勾勒出一幅中国传统风俗画卷。

人情之美：家家户户轮喝春酒，大有“家家扶得醉人归”之景象；村子里有人需钱急用，大家起会捐助；正月里会首置酒表示酬谢，母亲让出花厅供人请客，并捧出自己泡的“八宝酒”为人助兴；此时灯火通明，人人兴高采烈。寥寥几笔，淳朴的民情便流淌开来。

2.什么是地道的家乡味？

引导学生感受“道地的家乡味”是什么？是家乡美好的风俗，是家乡淳朴的民风，是母亲的慈爱，是童年的快乐！这一切都幻化成一种永恒的记忆，充溢在琦君的字里行间，让我们感觉没有一处不闪烁着作者对家乡的深深思念之情！

3.琦君为什么会有如此深重的思乡之情，她是怎样的一个人，又有着怎样的经历呢？

PPT展示：

材料一：琦君，原名潘希真，当代女作家、散文家。代表作品有《烟愁》《细纱灯》《与我同车》等。1917年生于温州，12岁随家迁居杭州，1949年迁至中国台湾，后定居美国。自去中国台湾以后，琦君五十多年再也没有回过温州。

材料二：琦君曾这样深情表白："像树木花草一样，谁能没有一个根呢？我若能忘掉故乡，忘掉亲人师友，忘掉童年，我宁愿搁下笔，此生永不再写。"

材料三：来到中国台湾，"此心如无根的浮萍，没有了着落，对家乡的苦念，也就与日俱增了。"日里想，梦里思，"昨夜梦魂又飞归故里，躺在双亲的墓园中，拥吻着绿茵覆盖的芬芳泥土，望着悠悠出岫的白云，多年抑郁的情怀得以暂感舒松，可是短梦醒来，泪水又湿透枕边，美丽的家园啊！它依旧是海天一角，水阔山遥"——《乡思》

材料四：坐落于三溪中学内的琦君文学馆于2001年10月22日开馆。应邀参加开馆仪式的琦君到场为文学馆剪彩。离乡半个多世纪后，她终于坐着轮椅踏上了家乡的土地，见到了魂牵梦萦的故乡亲人。隔一条海峡回忆童年旧事，竭毕生心力写尽故园深情——2006年6月7日凌晨，九十高龄的琦君永远搁下了那支生花妙笔。临终，她在病榻上一再念叨着：我想回到自己的家乡啊……

设计意图

1.本环节让学生在阅读的基础上，对文章内容进行提炼概括，然后小组间进行交流，不仅培养学生筛选信息的能力，同时也培养了学生合作交流的能力。在整个学习过程中，学生逐渐理解了"道地家乡味"中所蕴含的思乡之情。对于琦君的介绍，放在这个环节，能帮助学生更好地了解琦君，更准确深入地把握作者情感和文章主题。

2.设计上述拓展文字，目的是让学生透过琦君的这些文字拉近与琦君内心的距离，不光与文本内容对话，更与作者心灵对话，从而进一步深入地体会琦君内心的无奈与惆怅之情，更好地解读她的思乡之情。

3.完成"六步三阶段"中第二阶段中的"认知结构的重建与改组（知识转化为能力）"这一步。

活动五：畅饮春酒，为自然、风趣的语言而干杯。

请同学们有感情地再读课文，找出你最喜欢的语言，并说说这些语言打动你的原因。

学生自读，在独立思考的基础上，合作交流，教师适时点拨、引导。

教师总结：好的文章必须句句动人，字字珠玑。而要做到这一点，必须做到平易、净化、蕴藉、真挚。我们在《春酒》一文中可以看到这些特征。琦君善于使用叙事抒情并行的方式；善于设喻，平易又蕴藉；善于刻画鲜明生动的人物形象，细腻又传神；善于运用细节，随意点染，意境浑然天成。

细节是文章鲜活的花朵，琦君正是通过这些富有情趣的细节描写，抒发了她对童年，对母亲，对家乡的浓浓情思。阅读文学作品，只有细细品味文中的细节，才能充分体味文中的感情，理解文章的意旨。

设计意图

1.课标强调：要逐步培养学生探究阅读和创造性阅读的能力，提高阅读质量。本环节正是围绕这个要求来做，让语言活起来，让学生在语境里运用语言，让语言转化为实践中可操作的行为性的知识。

2.完成“六步三阶段”中第三阶段中的“技能在新情境中的应用”这一步。

活动六：思乡情怀，满心房。

无法排遣的乡愁融在了游子的血液里，凝聚在他们的笔端，在文学史上绽放着迷人的光彩，一些古诗词和现当代文学作品也表达了游子的思乡之情，你读过这类作品吗？请把你读过的内容与大家分享。

设计意图

1.本环节将课内所学向课外延展，激发学生细腻的情感，锻炼学生搜集整理和朗读能力。在交流过程中运用音乐、画面与文字的良好整合，既完成了本节课的教学重点，又达到了情感态度和价值观的提升，必使本节课达到高潮。

2.完成“六步三阶段”中第三阶段中的“技能在新情境中的应用”这一步。

六、板书设计

《春酒》

琦君：
- 风俗美
- 道地家乡味
- 人情美
- 真正的家醅——回忆中

→ 童年、故乡、亲人朋友的思念之情

设计意图

板书设计也是本课力求打造的一个亮点。同时通过板书来完成“六步三阶段”中第三阶段中的“根据线索提取知识”这一步。

（本文作者：天津市武清区杨村八中　毛佳）

（指导教师：曹海红）

《精神的三间小屋》教学设计

【文本分析】

本文是语文九年级上册第二单元中的一篇哲理性散文。作者由两句名言引出自己的感慨与思考，提出为自己的精神修建三间小屋的观点。借情感、事业、自身这三间精神小屋的论述，阐释了精神追求的内涵及其意义，激励人们在物欲横流的时代，呵护心灵，澡雪精神，提升精神境界。

作者用充满灵性的文笔，把平凡人的所见所闻娓娓道来，既有哲理的思辨色彩，又饱含情感，并综合运用多种修辞手法，将情和理融为一体。智慧的心灵，思想的火花，隽永的语言，发人深省。

【教学设计】

1.学习通过赏析比喻、对比等修辞，品味语言之美，理解“精神的三间小屋”的深刻内涵。

2.分析行文思路，体会“大中求小，以小见大”的精妙构思。

3.学会关注自己的心灵，完善自我人格，提升人生境界。

【教学重点】

通过赏析比喻、对比等修辞品味语言之美，理解文章的深刻内涵。

【教学难点】

分析行文思路，体会“大中见小，以小见大”的精妙构思。

【教学进程】

一、问题导入，引发思考

随着物质的极大丰富，我们给自己准备了越来越宽敞、舒适的空间，但每每夜阑人静、孤坐独处时，我们却愈发感到空虚、寂寞，无所适从，同学们知道为什么会如此吗？因为我们的精神无处安放。可能会有同学说，精神也需要小屋吗？而且还要三间小屋？好神奇啊！今天我们就一起学习毕淑敏的《精神的三间小屋》，看女作家是怎样给精神修建小屋，看她给我们的精神带来哪些智慧的火花。

设计意图

结合学情特点，激发学生的好奇心，引导学生走入文本，为进一步学习作好铺垫。即完成“六步三阶段”中第一阶段中的“注意与预期”这一步。

二、速读勾画，理清脉络

1. 检查预习，读准字音

广袤（mào）　游弋（yì）　坍塌（tān）　轻觑（qù）　麾下（huī）

宽宥（yòu）　灰烬（jìn）　困厄（è）　濡养（rú）

间不容发（jiān）　自惭形秽（huì）　相得益彰（zhāng）　鸠占鹊巢（jiū）

2. 快速默读课文，圈点勾画，理清文章思路

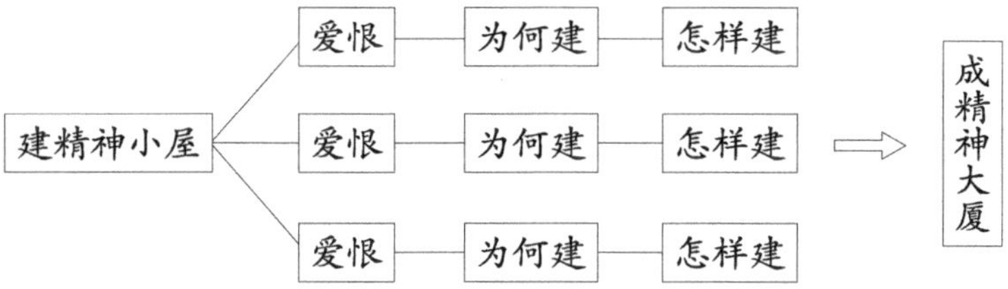

（分析问题）　　　　（解决问题）

资料穿插：议论性文章的基本结构特点：提出问题，分析问题，解决问题。

设计意图

通过自读的方式，学生快速进入文本，运用已有知识，圈点勾画，展开学生与文本之间的对话，整体感知文章，理清文章思路。即完成“六步三阶段”中第一阶段中的“激活原知识”这一步。

三、精读深思，理解内涵

1. 找——精神的三间小屋分别盛放着什么？各有什么特点？该如何构建？

精神小屋	盛放物	特点	如何构建
第一间	爱恨	光明温暖	给爱留下足够的空间
第二间	事业	坚固优雅	规划自己的职业生涯
第三间	自身	真诚永恒	发现自我，保留自己的思维

2. 思——文章论述三间精神小屋采用怎样的结构？这样安排的好处是什么？

明确：文章在论述“精神的三间小屋”时，分别以“第一间，盛着我们的爱和恨”“第二间小屋，盛放我们的事业”“第三间，安放我们自身”来引领对如何营造精神的三间小屋的论述，这种并列的结构方式，使行文显得条理清晰，结构分明。

3. 析——品析语句，理解精神内涵

毕淑敏的文字不仅情感细腻，文辞华美，更能使人受到深深的启迪。文中哪些句子对你的触动最大，为什么？组内交流，全班分享。

预设（1）：假若爱比恨多，小屋就光明温暖，像一座金色池塘，有红色的鲤鱼游弋，那是你的大福气。假如恨比爱多，小屋就凄风苦雨，愁云惨雾，你会精神悲戚压抑，形销骨立。

明确：作者运用对比和比喻，色彩鲜明，生动形象，观点突出，强调第一间精神小屋要爱多恨少。

预设（2）：假如你所从事的工作，是你的爱好，这七万个小时，将是怎样快活和充满创意的时光！假如你不喜欢它，漫长的七万个小时，足以让花容磨损，日月无光，每一天都如同穿着淋湿的衬衣，针芒在身。

明确：先列举具体翔实的数据，表明工作在我们生命时光之中所占比重之大，再通过从事喜欢的工作和从事不喜欢的工作带来的截然不同感受的对比，突出从事所喜爱工作的幸福感。然后从现实生活出发，分析出工作对精神具有濡养或腐蚀作用。

预设（3）：否则，鸠占鹊巢，李代桃僵，那屋内必是鸡飞狗跳，不得安宁。

明确：“鸠”指的是事业之外的赘生物，“鹊”指的是事业。“鸠占鹊巢”指的是赘生物取代了事业的位置。“鸡飞狗跳，不得安宁”形象地表达出赘生物对我们精神的腐蚀作用。再次强调规划事业，从事所爱事业的重要性。

预设（4）：我们把自己的头脑，变成他人思想汽车驰骋的高速公路，却不给自己的思维，留下一条细细的羊肠小道。

明确：通过“高速公路”和“羊肠小道”的形象对比来形容我们的现状。我们接收各种纷繁复杂的信息，并被各种信息所左右，人云亦云，随波逐流，头脑中充斥着别人的思想，忽略了自己的思维现状。

预设（5）：它纸糊的墙壁化为灰烬，白雪的顶棚变作泥泞，露水的地面成了沼泽，江米纸的窗棂破裂，露出惨淡而真实的世界。

明确：作者运用比喻的修辞，通过“纸糊”“白雪”“露水”“江米纸”这些看似美好却不堪一击的事物，说明没有自我思想的精神世界是何等脆弱。

4.悟——合作交流，感悟作者情怀

结合材料，分组讨论下面的问题，全班交流。

（1）文中“给爱留下足够的容量”能不能理解为最终要把第一间小屋建成盛满爱的小屋，并简述理由。

资料穿插：

子曰：“巧言，令色，足恭，左丘明耻之，丘亦耻之。匿怨而友其人，左丘明耻之，丘亦耻之。”（《论语·公冶长》）

子曰：“见贤思齐焉，见不贤而内自省也。”（《论语·里仁》）

明确：这里的“恨”是对丑恶、污浊的憎恶，它与“爱”并不是对立的，正是有对假恶丑的憎恶，才有对真善美的颂扬，有对美好境界的向往和不懈追求。

（2）如何找到自己喜欢的事业？

资料穿插：

古今之成大事业、大学问者，必经过三种之境界。“昨夜西风凋碧树，独上高楼，望尽天涯路”，此第一境也。“衣带渐宽终不悔，为伊消得人憔悴”，此第二境也。“众里寻他千百度，蓦然回首，那人正在灯火阑珊处”，此第三境也。

（王国维《人间词话》）

明确：保持精神的独立，剥除事业外壳上金钱、地位或是其他显赫的光环，明确目标和方向，坚定不移，孜孜以求，厚积薄发。

（3）作者论述精神的三间小屋的真正意图是什么？

资料穿插：毕淑敏，国家一级作家，从事医学工作20年后，开始专业写作，共发表作品200万字。用充满睿智的眼光对生活、对生命进行理性思索，表达对真善美的追求，对生命的感动，对人生的热爱，被称为文学的“白衣天使”。

明确：关注自我，建立精神栖息地，使人生健康、庄严、伟大、真诚、完满。

设计意图

1.通过“找——思——析——悟”的环节，带领学生展开生本对话、生生对话、师生对话，引导学生层层深入，形成“文章写了什么——如何写的——为什么这样写——表达了作者怎样的观点态度”的学习思维，学会有效筛选材料，运用恰当语言表情达意的方法。

2.补充资料，有助于学生深入理解文章内涵，并扩展知识的广度。

完成“六步三阶段”中第一阶段的“选择性知觉”和“新信息进入原有命题网络”这两步。

四、细读探究，点拨方法

1.阅读第1–6段，可以分为哪两个层次，这两个层次之间存在怎样的关系？

明确：第1至3段写作者对两句名言的感慨，从空间概念引出下文关于精神空间的思考；第4至6段由“身体活动的空间”引出“心灵活动的疆域”的话题讨论。这两个层次是层层深入的关系，引出“有一颗大心”的必要性，进而引出修建精神的三间小屋的论述。

（方法点拨：议论性文章段落与段落之间要有非常清楚的逻辑关系，如总分、对照、层进、并列等。借助起过渡性作用的语句来突出这种关系。）

追问：根据以上提示，精神的三间小屋能颠倒顺序吗？为什么？

明确：三间小屋是一个整体，盛放我们自身的小屋是根本，是心灵大厦的基石，我们只有拥有了自己的主见，才能明确自己的所爱和所恨，才懂得什么样的事业才能带给我们真正的快乐，这三间小屋内涵层层深入，不可颠倒。

2.精神的小屋“三间”足矣，可作者在文章开头却说“人有一颗大心”，这里“小屋”与“大心”矛盾吗？而文章结尾又说“把精神的小屋建筑得美观结实就能矗立我们的精神大厦”，这又该如何理解？

明确：作者借三间小屋使大心具体化、形象化，这样大中求小，衬托呼应，既是作者行文的机智，更是作者谦逊人格的体现。三间小屋组成作者辽阔的精神世界，以此为基石，间间累积，势必会矗立起一幢精神的大厦。

资料穿插：

“以小见大”最早出现于殷末周初的《周易·系辞下》，书中在谈到卦象(艺术形象的最早说法)特点时说：“其称名也小，其取类也大。”

“宽于用意，则尺幅万里矣。”（杜甫）

（方法点拨：以小见大法的特点就在于抓住一事一物、一情一景，从大处着眼、小处落笔，深入发掘，展开联想，为读者创造一个比现实生活更为广阔、更为深远的艺术境界）

3.如何理解“你的一生，经历过的所有悲欢离合、喜怒哀乐……在某一个金戈铁马之夜，它们会无师自通，与天地呼应，铮铮作响”？这样写有什么好处?

资料穿插：快乐固然兴奋，苦痛又何尝不美丽?我曾读到一个警句，是“愿你生命中有够多的云翳，来造成一个美丽的黄昏”。（冰心《谈生命》）

资料穿插：山之精神写不出，以烟霞写之，春之精神写不出，以草树写之。（刘熙载《艺概》）

（方法点拨：贴切的比喻能将难以说明的事情阐述得更具体、更透彻、更形象，加深读者对话题的理解，更好地实现作者与读者的沟通和交流。）

深入探讨：毕淑敏在运用比喻方面是一个高手，既独特新颖又形象贴切，请你找出来再次品析。

设计意图

引导学生从文章结构入手，对文章内容进行再思考，把握说理性文章内容之间的逻辑关系，初步学会合理安排文章结构布局。即完成“六步三阶段”中第二阶段中的“认知结构重建与改组”这一步。

五、总结迁移，反思内化

读毕淑敏《我很重要》，思考作者是如何论述这一观点的，各部分之间有怎样的联系，怎样生活才能无愧于“心灵对生命的许诺”。

设计意图

补充作者所写的与课文有相似内容的其他篇章，运用所学技能，自主完成对文本的深入阅读，进一步加深学生对精神追求的内涵及其意义的理解。即完成“六步三阶段”中第三阶段的“技能在新情境中应用”这一步。

六、作业拓展，课下延伸

1.结合自身现状，思考该如何构建自己的精神空间，以“我的精神小屋”为题，写一篇600字左右的文章。

2.推荐阅读毕淑敏《愿你与这世界温暖相拥》。

附：板书设计

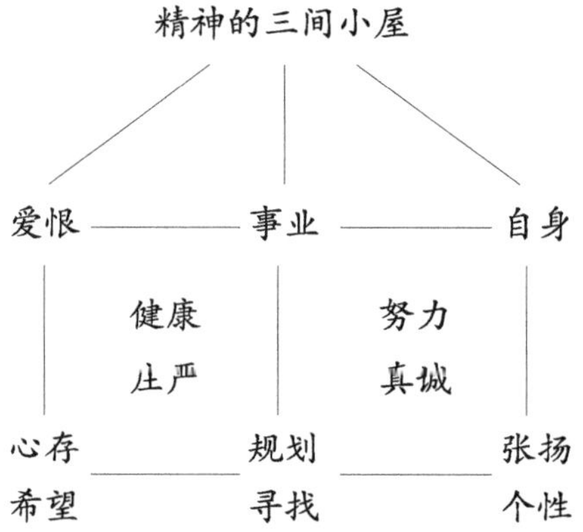

设计意图

板书经过精心设计，采用与文本内容相关的“小屋”图形，将“爱恨”“事业”“自身”这精神的三个方面作为小屋的支撑，帮助学生梳理重要信息，理解文章内涵，即完成“六步三阶段”中第三阶段中的“根据线索提取知识”这一步。

（本文作者：天津市西青道中学　董长华）

（指导教师：孟凡云）

《人生没有永远》教学设计

【文本分析】

作者由迁居三里河寓所一家三口终于有了一个家，回忆在这个家里三口人相亲相爱的故事，写到女儿长大后工作上的突出表现，最后写丈夫女儿相继去世，“家”变成了“客栈”。耄耋老人，内心的爱与痛在平实的文字中流露。

文章让我们看到了：生活上相互照顾的一家三口，没有隔阂平等的亲子关系，孩子优秀为母的骄傲自豪，失去至亲的孤独忧伤，面对生活磨难先生的平和坚韧。文章让我们感受到钱家优良的家风，浸润在作者质朴的文字里，我们也变得平和高尚了。

【教学目标】

根据课题要旨，语文课程必须根据学生身心发展和语文学习的特点，关注学生的个体差异和不同的学习需求，帮助学生在语文学习中获得语言知识和语言能力，思维方法和思维品质，情感态度与价值观。学习过程中，充分激发学生的主动意识，倡导自主探究、合作学习的方式。确定教学目标如下。

1.知识与能力目标

（1）了解作者杨绛一家的相关经历及《我们仨》的大致内容。

（2）整体感知文本内容，品味作者平淡简洁而富有表现力的语言，合作探究字里行间蕴含的深情。

（3）把握文中的人物形象。

（4）归纳手法，学以致用。

2.过程与方法目标

（1）通过独立阅读，独立思考，鼓励学生对文本进行个性化解读，形成自己独特而又创造性的见解。

（2）自主与合作交流，引导学生交流分享与文本对话的感受。

3.情感、态度与价值观目标

（1）领会作者的思想感情，理解杨绛先生内心的平和、深沉的爱。

（2）学习钱家优良的家风。

【教学重点】

1.整体感知文本内容，理清文章脉络。

2.把握人物形象，体会字里行间作者对家人浓浓的爱及平和的语调中流露的叹惋和感伤。

【教学难点】

领悟文章深刻内蕴，体会人性的高尚和平和。

【课时安排】

1课时。

【教学进程】

一、温习旧知，图片导入

利用课前一分钟滚动播放杨绛一家三口的照片。上课后，学生朗读课内八上所学《老王》中有关杨绛夫妻和女儿的文字，为学生了解杨绛一家进而进入《人生没有永远》学习创设情境。

设计意图

结合学情特点，利用课内所学为学生走进文本做好铺垫。即完成“六步三阶段”中第一阶段中的“注意与预期”和“激活原知识”这两步。

二、自读，理清文脉，把握形象

1.检查预习，分享积累本上摘抄的有关杨绛一家的经历、成就。

2.学生自读文章，梳理文脉，概括内容。全文写了什么人哪些事？

3.把握形象。在具体的事件中勾勒人物形象。

4.交流与展示。

小组交流，然后推选一位代表把概括的内容写到黑板上。（师生探讨最后确定：先描写一家三口相亲相爱的情景，再记叙钱瑗在工作中的突出表现让人敬佩，最后表达对逝去的父女的深切怀念。）

从这些再现的生活情境或罗列的事件中认识“我们仨”。学生各抒己见，对个体形象、家庭形象进行探讨，使学生感受到钱钟书和杨绛先生的家风。

设计意图

1.通过自读的方式，学生自主进入文本，整体感知文章，展开学生与文本、学生与学生的对话。把握文章的内容和结构，培养学生概括表达能力从而突出教学重点。

2.鼓励学生交流展示。为学生搭建展示学习成果的平台，力求在学生与文本，生生师生对话中有所生成。于交流中使学生的概括表达能力增强。从而，落实过程与方法目标，突出教学重点。

3.即完成“六步三阶段”中第一阶段中的“选择性知觉”和“新信息进入原有命题网络”这两步。

三、再读文本，品语言

1.整体感知杨绛先生的语言特点。

2.挑选打动自己的地方与同学分享。

3.模仿杨绛先生这篇文章的经典之处。

设计意图

1.引导学生进一步深入文本，体会杨绛先生的语言魅力，从平淡质朴的描写叙述中获得生活的真味。如“她像猎狗般嗅出这篇论文是抄袭”“她……却始终只是一粒种子，只发了一点芽芽”“我们三人就此失散了”。

2.引导学生走进文章的字里行间，培养学生自己的语言审美，把握语言特点，形成个体的语言经验。

3.完成“六步三阶段”中第二阶段中的“认知结构的重建与改组（知识转化为能力）”这一步。

四、深入文本，悟人生

抓住文章结尾几段，与杨绛的心灵邂逅、碰撞，感受作者对家人的爱，失去家人的痛，耄耋之年对人生的悟。

设计意图

1.透过纸面去体味纸背中蕴含的情感，鼓励学生结合所积累的杨绛先生写《我们仨》的背景，发表自己对此问题的独立见解。于交流中使学生感受作者第一段中“终于有了一个家”到结尾一段“家在哪里，我不知道，我还在寻觅归途”这些文字背后所饱含的痛，理解文题。从而让学生明白，中间那些云淡风轻的文字实则落笔千钧。文字背后的人物（作者），她的平和纯洁、高尚坚韧，让读者动容。达到落实情感态度与价值观，突破教学难点的目的。

2.完成“六步三阶段”中第二阶段中的“认知结构的重建与改组（知识转化为能力）”这一步。

五、归纳写法，学以致用

1.学生自主合作归纳人物塑造方法，选取素材的技巧，书写到黑板上。

2.学生围绕一个中心选择三则素材，塑造某个熟悉的人物形象，主义材料安排详略得当。（列出提纲即可）

设计意图

1.根据课文的内容进行读写活动，体现语文课程的实践性。

2.完成“六步三阶段”中第三阶段中的“技能在新情境中的应用”这一步。

六、拓展作业

阅读《我们仨》，进一步体会杨绛先生的语言风格，感受钱钟书和杨绛先生的家风及人格魅力。

七、板书设计

老师书写课题、作者。其余内容由学生书写。

设计意图

板书设计也是本课力求打造的一个亮点。学生书写板书，经过讨论修改最终成型，同时通过板书来完成“六步三阶段”中第三阶段中的“根据线索提取知识”这步。

（本文作者：天津市益中学校　周怡然）

（指导教师：杨晓冬）

《故乡在远方》教学设计

【文本分析】

《故乡在远方》是张抗抗的一篇写故乡的散文。文章借助自己对故乡情感的体悟，表达了自己对于“故乡”的一种理解，一种更深意义上的探求。作者笔下的“故乡”不只是指单纯的地域，更多的是指精神的家园。一个安放感情的地方。作者用她的文字指给了我们一条通向精神家园的路。

【教学目标】

1. 知识与能力目标

研读文本的重点段落和文句，深度领略散文的艺术特色并进一步掌握散文阅读和写作的方法。

2. 过程与方法目标

设计与文本相关的语文学习活动，使学生得到语言和思维的训练，从而提升他们的语言能力和思维品质，进一步培养学生的语文核心素养。

3. 情感态度与价值观目标

挖掘文本的情感内涵，洞彻作者深邃的思想，并联系学生自身和社会、时代特点，对学生进行世界观、人生观、价值观的教育，提升学生的思想境界。

【教学重点】

深入品读文本的第12至20段，鉴赏该部分中写景的语段，掌握散文阅读和写作的相关技法，并进一步把握文章的主旨内涵。

【教学难点】

通过对文本最后两段的研读理解，进一步深化文章主旨，洞彻作者深邃的思想。

【教学进程】

一、导入

“不要问我从哪里来，我的故乡在远方”，歌手齐豫用她的浅吟低唱表达着对故乡的追寻。故乡，是一个永远都谈不完的话题，它是“慈母手中线”，它是“日暮乡关处”，它是“浮云游子意”，它是“不敢问来人”，中国自古的文人骚客，从未停止过关于故乡的思念，这有如一根绵延千年的线，轻轻牵动一下，便抖落出无数情丝。今天要品读的这篇散文恰如歌词所唱，题目叫作《故乡在远方》，作者是张抗抗。那么张抗抗对故乡到底有怎样的思考？“远方”又有怎样特殊的含义呢？

设计意图

结合学情特点，为课堂营造一种深情、舒缓的氛围，并为学生走进文本做好铺垫。即完成“六步三阶段”中第一阶段中的“注意与预期”和“激活原知识”这两步。

二、调查学生预习情况，据此来确定课上阅读文本的方式和时间。

三、师生合作、梳理文脉

1.从前三段看，这篇文章从作者对故乡的寻找和叩问中开始，在这段寻乡之旅中作者寻到了哪几个故乡？

2.教师带领学生走进广东新会，分析写景的语段，体会作者对老家的情感。 为新会拟定小标题——血缘之乡、陌生之乡。

3.另外的几个故乡请学生分组讨论，自己拟定出小标题。

提示：学生的拟题角度应不受限制，但一定要从文本中找到依据来支撑自己的观点。

4.各小组交流展示成果，由教师总结。教师应充分尊重学生的看法，学生自己得出的答案，只要没有科学性错误就应被采纳，不必苛求唯一答案。

设计意图

1.学生通过自读和小组讨论的方式，自主进入文本，整体感知文章，并在教师的组织下展开学生与文本、学生与教师的对话。

2.学生通过查找关键字，概括内容大意等方法来梳理文脉。学习快速筛选信息、把握文章脉络的阅读方法。

3.完成“六步三阶段”中第一阶段中的“选择性知觉”和“新信息进入原有命题网络”这两步。

四、师生共同深入品读第12—20段

1.教师要引导学生重点品味有关北大荒景物描写的段落，鉴赏景物特点和写景技法，学习“一切景语皆情语”的抒情方式。

在此处设计思考题：

北大荒从字面上看是荒凉、苦寒之地，但作者笔下的北大荒却是那么美好，那么令人难忘，为何会有这种反差？

“那些神秘的森林居民给予我无比的亲切感”一句中，“神秘”和“亲切”是否矛盾？如何理解？

2.重点分析研讨最后两段，进而把握文章主旨——寻找、创造精神家园。通过研读关键句，进一步深化主旨，洞彻作者的深邃思想。

（1）但现在我知道，我已没有了故乡。

（2）我们像一群新时代的游牧民族，一群永无归宿的流浪移民。也许我走过了太多的地方，我已有了太多的第二故乡。

（3）以后的日子，我也许还会继续流浪，在这极大又极小的世界上，寻觅着、创造着自己精神的家园。

3.联系学生自身、社会、时代，对学生进行人生观教育，提升思想境界。

设计意图

1.学生领会作者对北大荒的感情，探究北大荒对作者人生的意义。

2.激发学生的探究意识，引导学生走进文章的字里行间，透过纸面去体味蕴含文中的情感，鼓励学生发表自己的独立见解。从而突破教学难点。

3.完成“六步三阶段”中第二阶段中的“认知结构的重建与改组（知识转化为能力）”这一步。

五、写作训练

请同学们写一写自己的故乡，注意充分借鉴本篇散文中作者描写北大荒的写法。通过细腻传神的景物描写表达出你对故乡的感情。

设计意图

1.根据课文的内容进行读写活动，体现语文课程的实践性，并使学生的

情感得到升华，在语文学科教学中渗透情感、态度与价值观目标。

2.完成“六步三阶段”中第三阶段中的“技能在新情境中的应用”这一步。

六、课堂总结

七、板书设计

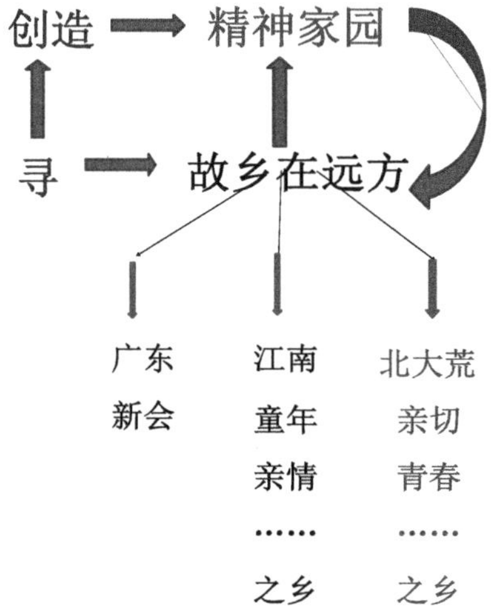

设计意图

通过板书来完成“六步三阶段”中第三阶段中的“根据线索提取知识”这一步。

（本文作者：天津市第七中学　林静）

（指导教师：毕春红）

《小狗包弟》教学设计

【文本分析】

这是一篇叙事抒情的散文，叙述的是作者在“文革”期间无力保护自己家的小狗免遭劫难的一段恨事。作者呈现的不是情节的传奇或故事的曲折，而是通过小狗包弟的遭遇，再现和批判了一个不堪回首的、荒谬的年代：人与人之间关系的扭曲、社会秩序的失衡及一切美好事物的被摧残、被毁灭。文章以小见大，从一个侧面完成了对“文革”的批判。

但文章的意义不仅仅在于展示和批判，还在于它具有真诚的道歉和深刻的反思，具体地说，是对自身的反思，对自我性格的反思，也是对以作者为代表的整个知识精英的反思。作者站在灵魂的审判台前，毫不留情地拷问自己，鞭挞自己性格中的弱点；也含蓄地暗示了相当长一段时间我们民族陷入灾难的原因，即民族人格的贫弱与萎缩。

文章真挚强烈的感情、朴实平易的语言，是觉醒了的现代知识分子坦荡心灵的深刻解剖，既具有感人的艺术魅力，又不乏震撼人心的思想力度。

【教学目标】

根据本文的特点和要旨，语文课程须是工具性与人文性的统一，须关注学生个体差异和学生身心发展的特点，将人格教育、思想教育润物细无声地渗透在对文本的理解与探讨当中，需充分调动学生学习和思考的积极性、主动性，倡导自主、合作、探究的学习模式。

故确立本课的三维教学目标如下：

1. 知识与能力目标

（1）阅读文本，简要复述故事情节。

（2）筛选信息，概括包弟的特点，关注包弟的命运。

（3）感受文章以小见大的写作手法。

（4）在自主合作探究中，感受巴金严于解剖自己的伟大人格，培养学生的反省忏悔意识和说真话的精神。

2.过程与方法目标

（1）阅读感知，通过阅读感受文章中所表现的美和丑。

（2）问题探究，设置问题层层引导学生由浅入深的理解文本。

（3）合作讨论，在交流中完善学生的认识，拓展思考问题的角度，增强思维的缜密性。

3.情感、态度与价值观目标

理解作者强烈的思想感情，认识“文革”给人带来的巨大的身心伤害；感悟作者敢讲真话、严于剖析自己的精神。

【教学重点】

（1）理解文章字里行间或隐或现的人与狗之间的真挚感情。

（2）体悟巴金先生的人文情怀和严于解剖自己的真诚人格。

（3）培养学生的反省、忏悔意识。

【教学难点】

领悟文章以小见大的写法，正确理解和评价作者送走包弟的行为。

【课时安排】

1课时。

【教学进程】

一、温习旧知，对话导入

1.同学们，课前我已经布置大家收集关于“文革”和对巴金评价的材料，先请拿出来，待会儿请大家展示自己的成果。

2.现在，我想问的是，通过你所收集的材料，“文革”给你的感觉是什么？只能用一个词语来表达。谁来与大家分享一下你的认识和评价？

3.提问多位学生，预设：残酷、荒唐、破坏、毁灭、背叛、人性的丧失。

教师小结：对，这就是“文革”。列宁说“忘记历史就意味着背叛”，今天我们就通过“文革”亲身经历者巴金先生的文章《小狗包弟》来感受那个特定时期人们的生活，以此回顾并反思这段历史。

设计意图

结合学情特点，让学生课外自主查找资料，调动学生学习的积极性，并为学生走进文本做好铺垫。即完成“六步三阶段”中第一阶段中的“注意与预期”和“激活原知识”这两步。

二、整体把握故事情节：通过一只小狗的命运来了解一段历史

1.学生自读文章。边思考问题边圈点、勾画相关信息

（1）包弟是一只什么样的狗？有什么特点？如何写的？

（2）围绕小狗包弟，作者写了哪些故事内容？

（3）透过小狗包弟最后的遭遇，作者想表达什么？

（4）题目是《小狗包弟》，为什么开头第一段写艺术家和狗的故事？

2.交流

（1）作家在介绍包弟的来历和描写人与狗之间的相处时，突出了包弟的什么特点？明确：可爱、聪明、有情义、通人性。

在描写人物时可以将正面描写和侧面描写结合来突出其特点。作家突出小狗包弟的特点时，哪些是正面描写，哪些又是侧面描写呢？请在文中找出相应的内容。

作家为何要突出小狗包弟的这些特点？明确：小狗包弟愈是可爱，愈是通人性，作家的一家人就愈是不忍让它离开。

（2）无论小狗包弟怎样可爱与通人性，它仍然逃脱不了自己的厄运，请大家思考作者为什么要将包弟送走？

明确：A.日本品种的小狗。B.瑞典旧主人。

在那个年代，养一只宠物狗本身就是一种奢侈，会引起很多人的注意。同时我们联系前面的艺术家获罪的原因，再联系小狗包弟的特殊身份，就不难理解为什么小狗包弟会成为包袱了。所以，小狗包弟即使作为礼物也无法送出。

这也反映了当时那种人人自危，人人力求自保的社会现实，同时也注定了小狗包弟命运的悲剧性。

设计意图

1.用自读的方式，让学生与文本对话。通过“艺术家和狗”与“我和包弟”两则与狗有关的故事，让学生把握文章的整体结构，领会文章的意图，从而突出教学重点。

2.引导学生对文章局部筛选信息，展开学生与文本、学生与学生、学生与教师的对话。为学生搭建展示学习成果的平台，力求于师生对话中有所生成。于交流中一步步思考作者的写作目的，从而落实过程与方法目标，突出教学重点。

3.完成“六步三阶段”中第一阶段中的“选择性知觉”和“新信息进入原有命题网络”这两步。

三、深入把握作者情感：通过一段忏悔来认识一个伟大的灵魂

1.送走包弟后，作者得到解脱了吗?

2.文章哪些词语表明了作者的“歉意”？（请结合文本，找出相关的句子）

3.小组各抒己见，教师引导“我怀念包弟，我想向它表示歉意”这句话中的“歉意”的理解，师生共同总结“忏悔”的意义。

4.著名作家冯骥才说：“忏悔可以使人摆脱魔鬼。”年少轻狂的我们在成长的过程中或许给人带来过深深伤害，请正视和反思我们的曾经犯下的“错”。请你们以“忏悔”或“自省”为话题，以坦诚的心写下自己的经历或感受，直接交给或寄给曾经有意或无意伤害过的人。

设计意图

1.引导学生深入文本与作者进行心的交流，感受作者的喜怒哀乐，去体验他们的辛酸悲苦，强化学生的情感体验。

2.激发学生的探究意识、自省意识，引导学生去感受巴金老人作为一个受害者、作为一个名人敢于向一只动物“忏悔”的意义，感受老人博大的胸襟和坦荡的胸怀，从而认识到一个完整的人应该具有的健全的人格，从而落实情感、态度与价值观目标，突破教学难点。

3.完成“六步三阶段”中第二阶段中的“认知结构的重建与改组（知识转化为能力）”这一步。

四、学习语言表达

1.运用学到的修辞方法，选择历史中或生活中你欣赏的某一个人，仿照划线文字，为他（她）书写颁奖词。

巴金：他在字里行间燃烧的激情，点亮多少人灵魂的灯塔；他在人生中真诚地行走，叩响多少人心灵的大门。他贯穿于文字和生命中的热情、忧患、良知，将在文学史册中永远闪耀着璀璨的光辉。

2. 结语。

设计意图

1. 根据课文的内容进行读写活动，体现语文课程的实践性，并使学生的情感得到升华，在语文学科教学中渗透情感、态度与价值观目标。

2. 完成“六步三阶段”中第三阶段中的“技能在新情境中的应用”这一步。

五、拓展作业

阅读《怀念萧珊》，进一步体会巴金老人的说真话和严苛反省的勇气。

六、板书设计

小狗包弟

巴金

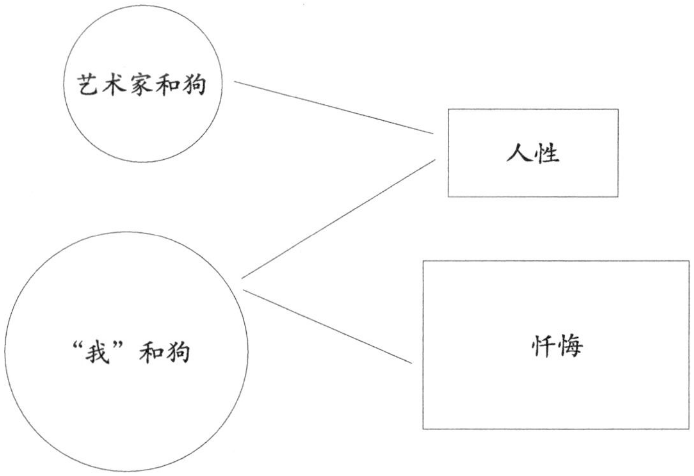

（本文作者：天津市第四十五中学　杨宇）

（指导教师：毕春红）

《动人的北平》教学设计

【文本分析】

这是一篇历史文化散文，作者意在写尽故都北平的全貌，表达对北平的深厚感情。文章主要采取全景式描写，将作者眼中北平的各种景象、各色人等尽收眼底。北平的“性格”和它的“动人”之处，无不蕴含着人性的淳朴与善良。

阅读文章，我们能够感受到这位作者优雅的情怀，对生命个体的尊重；感受到他对故都文化守旧融新、不断发展的历史由衷的崇敬；感受到中华文化强大的生命力和延续性。阅读历史文化美文可以增强我们传承中华优秀传统文化的信心与决心。

【教学目标】

依据课题的要旨，本着尊重学生的身心发展和个体差异的原则，结合语文学习的特点，充分激发学生的主动意识和进取精神，倡导自主、合作、探究的学习方式，培育学生的语文学科素养。故确立本课的三维教学目标如下。

1. 知识与能力目标

（1）能用普通话正确、流利、有感情地诵读赏析文本。

（2）掌握阅读散文从“形”入手，把握“神”的方法思路。

2. 过程与方法目标

（1）在自主合作探究中赏析文本，体会北平的动人之处。

（2）品味重点语句，鼓励学生对文本进行个性化解读。

3. 情感、态度与价值观目标

（1）教育学生崇敬历史，主动肩负起传承中华优秀传统文化的责任。

（2）引导高中学生以审美的眼光、优雅的情怀看待生活中的一切，学会勇敢、坚强、快乐的生活。

【教学重点】

1.整体感知文意，品味文章的语言特点。

2.把握作者的行文思路，探究散文形与神的关系。

【教学难点】

引导学生以审美的眼光、优雅的情怀面对当下生活。

【课时安排】

1课时。

【教学进程】

一、温习旧知，启发导入

1.课前播放北平历史图片配乐视频。

教师启发提问：看着这些古朴的照片，你能猜到这是哪个城市昔日的景象吗？

2.与同学们交流一个话题：“大家在近一年半的高中语文学习中，学过哪些关于故都北平的文章？”在畅所欲言中，教师小结。

设计意图

结合学情特点，为课堂营造一种轻松、愉悦、积极、怀旧的氛围，并为学生走进文本做好铺垫。即完成“六步三阶段”中第一阶段中的“注意与预期”和“激活原知识”这两步。

二、自读勾“形”、以“神”解文

1.自读思考，圈点勾画表现文章思路的概括性语句。教师启发：这些概括性语句多出现在哪里？

学生找规律（多出现在段落的开头/结尾，且多为判断性语句。做阅读时我们可以通过找概括性语句来梳理文章脉络，概括文章内容。）

2.学生用缓慢语调齐读这些概括性语句，以游客的身份感受上个世纪初的北平风貌。读后，教师提问：林语堂先生为我们描绘了一幅幅北平动人的画面。你认为北平有哪些动人之处呢？请选择一处并结合具体语句赏析。（理清

行文思路，体会一线串珠的写法；引导学生从语言技巧、表现手法等角度进行赏析，鼓励个性化解读）

3.通过大家的诵读赏析，北平风貌已经很清晰地展现在眼前，我们一起概括林语堂笔下北平的特点。

4. 教师启发：作者花费笔墨最多描绘的是哪个特点？为什么选择它作为北平的典型特点？

设计意图

1.通过自读的方式，让学生自主进入文本，整体感知文章，教师适时点拨，帮助学生总结规律，快速理清思路。从而突出教学重点。

2.引导学生从文章局部进行自主阅读，指导学生从语言技巧、表现手法等方面入手，多角度赏析文本。搭建平等交流的平台，展开学生与文本、学生与学生、学生与教师的对话，于对话中提高学生的鉴赏能力。从而，落实过程与方法目标，突出教学重点。

3.完成“六步三阶段”中第一阶段中的“选择性知觉”和“新信息进入原有命题网络”这两步。

三、情感升华

1. 每个人都有不同的认知和审美，在林语堂的眼里北平的平民百姓、寻常街巷、平常人、平常景是那么动人美好，这是怎样的一种情愫？他的这种情怀在当下繁华浮躁的城市里又有哪些现实意义？我们又当以怎样的人生态度面对生活中的一切？（教师适当补充作者简介）

2.小结：完成情感态度价值观的升华。

设计意图

1.引导学生进一步深入文本，与作者心灵对话。

2.引导学生走出文本，体味一份优雅情怀、闲适态度在当下浮躁社会中的现实意义，鼓励学生以审美的眼光，主动去发现美、创造美，从容地面对人生。落实情感态度价值观目标，突破教学难点。

3.完成“六步三阶段”中第二阶段中的“认知结构的重建与改组（知识转化为能力）”这步。

四、当堂习作

1.每个城市都有她独特的文化与性格，每个人心中都有一个动人的地方，请模仿“北平好像是……”或“北平是……”的句式写一段话，表达你对这些动人地方的真挚的爱，至少运用一种表达技巧，150字以内。

2.课堂交流。

设计意图

1.根据课文的内容进行读写活动，体现语文课程的实践性，培育学生的语文学科素养，同时使学生的情感得到进一步升华，引导学生尊重生命，增强中华文化自信心。

2. 完成“六步三阶段”中第三阶段中的“技能在新情境中的应用”这一步。

五、拓展作业

习作：以“＿＿＿＿＿＿家乡”为题，写出家乡的特色、民俗文化。600字散文。

六、板书设计

“形”散——　　北平像——　　北平是——

“神”聚——　　北平的品格：老成、豪爽、包容、守旧融新

作者的情感：优雅从容、闲适态度

崇敬历史、文化自信

设计意图

板书设计清晰反映散文形与神的关系。实现“六步三阶段”中第三阶段中的“根据线索提取知识”这步。

（本文作者：天津市第八十中学　方师仙）

（指导教师：孙宏）

《云霓》教学设计

【文本分析】

丰子恺先生是著名的画家，在画作中常常表现作者的所思所感。本文由先生配图，在大旱大热的天气中，以踏水的人们对欲雨的期望来反映深刻的主题。

文章让我们了解到：面对恶劣的自然环境，人们保有希望地一步步坚持，正如面对严峻的政治形势，人们是坚持而富有抗争精神的。本文运用象征的手法，由充满诗意的题目写来，将人们的期待与坚持表现得淋漓尽致。感情基调积极奋进，语言清新质朴，细腻优美。

【教学目标】

依据课题的要旨，语文课程必须根据学生身心发展和语文学习的特点，关注学生的个体差异和不同的学习需求，爱护学生的好奇心、求知欲，充分激发学生的主动意识和进取精神，倡导自主、合作、探究的学习方式。故确立本课的三维教学目标如下。

1.知识与能力目标

（1）运用普通话，自然流利而富有感情地朗读课文。

（2）整体感知文本，在集体诵读与独诵中感悟文章的语言美。

（3）学习文章象征手法、细节描写手法的运用。

（4）在自主合作探究中，领悟文本中所表达的中国人民的期待与坚守。

2.过程与方法目标

（1）在自主合作探究中展开多角度阅读，如学生与文本、学生与学生、学生与教师、学生与作者的对话。

（2）在个性朗读中品味细节，鼓励学生对“云霓”进行个性化解读。

3.情感、态度与价值观目标

感悟文章所赞扬的于苦难中永葆希望与坚持抗争的精神。

【教学重点】

1.运用诵读法品味散文语言的魅力。

2.学习象征手法、细节描写等写作方法。

【教学难点】

领悟“云霓”的深刻内蕴，学习运用细节描写为文章彰情增彩。

【课时安排】

1课时。

【教学进程】

一、温故知新，举一反三

1.利用二分钟铃时间，播放丰子恺先生的漫画作品，为学生提供更全面的了解丰子恺先生的角度，进而关注文本的语言。

2.利用漫画总结丰子恺先生的性格与成就，与同学们交流一个话题：“在高中接触的作家中哪些作家可以称之为在多方面领域均有建树？”在学生们的畅所欲言中，教师小结。

设计意图

结合学情特点，首先创设一种积极、轻松的语文学习氛围，为学生全面的了解作家与作品作好铺垫。即完成“六步三阶段”中第一阶段中的“注意与预期”和“激活原知识”这两步。

二、赏读，多角度赏析文章的语言特色与内容

1.检查预习情况，落实“基础知识预习案”。

2.合作探究“你最欣赏文中的哪段文字，说一说你的理由”。

3.畅所欲言，学生自由提出对本文语言特色与内容的理解。

4.小结：分析文章的语言特色，概括文章的内容情感。

设计意图

1.在初读的基础上，引导学生自主赏析文本，寻找与作者心灵的契合点，

去把握文章的语言特色，去体悟作者要传达的情感态势，引发学生的情感共鸣。

2.鼓励学生多角度思考问题，激发学生对文本的探究意识，在字里行间、在平面的文字中去创设立体的情境，进而与作者达到共鸣，鼓励学生大胆发表自己的独特见解。于交流中加深对文章的理解，展现文章的写作魅力，并引导学生总结方法。从而落实过程与方法目标，突出教学重点。

3.完成“六步三阶段”中第一阶段中的“选择性知觉”和“新信息进入原有命题网络”这两步。

三、悟读，概括“云霓”的具体含义

1.学生在集体诵读与独诵中边思考边圈点勾画相关信息

全文共有几处提到了云霓？找出描写云霓的语句并分析其具体的内容，品析其语言表达特点。

2.交流

（1）筛选包含云霓内容的段落，品析语言特点，挖掘其内在的含义。

（2）结合时代的背景，作者的性格品质，探究深层次的内涵。

设计意图

1.通过诵读的方式，学生走进文本，整体感知文章，掌握概括筛选信息的能力，展开学生、文本、教师的多重对话。把握文章的内容、手法的运用和语言之美，从而突出教学重点。

2.引导学生边朗诵，边思考，运用圈点勾画的方式展开阅读与概括，整体体会丰子恺先生细腻幽默的特点，借此体会散文之美，以语言作为切入点展开学生与文本、学生与学生、学生与教师的多重对话。在学生自我领会，小组交流，教师与学生对话中为学生提供展示学习成果的平台。从而，落实过程与方法目标，突破教学难点。

3.完成“六步三阶段”中第二阶段中的“认知结构的重建与改组（知识转化为能力）”这一步。

四、读写，学习语言表达

1.运用文本中学到的细节描写的方法，以朱自清的《背影》为例，引导学生分析总结。在生活中，人们逐渐发现，真正感动自己的往往不是一些事情本身，而是点缀在这些事情之中的不可或缺的细节。这些细节有机交织在一起，常常就成了最能感动人的因子。你能运用细节描写的方法来描绘我们身处的校园吗？

2.结语。

设计意图

1.根据课文的内容进行读写活动，体现语文课程的实践性，使学生的情感得到升华，使知识能力得到实践，从而实现语文学科是工具性与人文性的统一。

2.完成“六步三阶段”中第三阶段中的“技能在新情境中的应用”这一步。

五、拓展作业

阅读《肉腿》这篇文章，进一步体会丰子恺先生细腻幽默的语言之美与深刻的人文关怀。

六、板书设计

《云霓》

丰子恺 漫画家幽默风趣 作家关注人性	1. 云霓的含义 表层 深层 2. 写作手法 虚实结合 细节描写

设计意图

板书设计力求清晰地反映本节课的教学重难点，同时通过板书来完成“六步三阶段”中第三阶段中的“根据线索提取知识”这一步。

（本文作者：天津市杨村第一中学　王振平）

（指导教师：李桂云）

《葡萄月令》教学设计

【文本分析】

《葡萄月令》是人教版语文高中选修教材《中国现代诗歌散文欣赏》第五单元第一篇课文。本单元的教学重点是了解现代散文的疏与密的特点。作者运用琐碎却自然温馨的语言，描写了葡萄从一月到十二月的生长过程，记录了作者对葡萄质朴的深情。这种平淡、朴素、洁净的文字，给人亲切、随意而又收放自如、干净利落的感觉。

【教学目标】

在2017年制定的《普通高中语文课程标准》（以下简称《课程标准》）中，提到了语文学科的核心素养，其中“审美鉴赏与创造”是让学生通过审美体验，评价等活动形成正确的审美意识、健康向上的审美情趣与鉴赏品位，并在此过程中逐步掌握表现美、创造美的方法。

这是一篇文质兼美，感情真挚的文学作品，《课程标准》对于文学作品的阅读和写作的教学要求是这样表述的：“精读古今中外优秀的文学作品，感受作品中的艺术形象，理解欣赏作品的语言表达，把握作品的内涵，理解作者创作意图。”鉴于此，本课的三维教学目标确立如下。

1.知识与能力目标

（1）学习课文，了解葡萄生长的生长习性，丰富课外知识并以此指导生活。

（2）整体感知文意，品鉴作品平淡自然却内蕴深厚的语言，体会汪曾祺文字的朴素之美。

（3）学习文章“苦心经营的随便”的写作特色。

（4）体味作者创造的生活趣味之美，激发学生对生活的观察与热爱之情。

2.过程与方法目标

（1）运用朗读、讨论、分析、写作等多种教学手段，倡导自主合作探究的学习方式。

（2）“语文的外延是生活”——将“激趣”贯穿学习课文始终，兴趣的引导，让学生对作者汪曾祺有兴趣，对这样简单质朴却充满乐趣的文字产生浓厚兴趣，进而对写作、对语文、对生活有热情。

3.情感、态度与价值观目标

学习本文，让学生学会观察生活，发现生活中的真善美，提高学生文学艺术审美享受的同时，学习作者豁达开朗的人生态度。

【教学重点】

1.品味本文淳朴自然，闲适自在的语言风格。

2.学习本文严谨别致、详略得当的写作特点。

【教学难点】

品悟生活中的真善美，提高学生文学艺术审美水平。

【课时安排】

1课时。

【教学进程】

一、承上启下，激趣导入

导入：日常生活中，我们并不能到森林里去观察豪猪，也不能“摇手推车”步入地坛思考生活，我们每天都过着平淡的日子。但是他说过：“只有认真感受和体味生活中平淡和诗意，才能体会到生活的趣味。而你有趣了，你的生活才有趣。”今天我们就来认识一位有趣的老头儿——汪曾祺。

设计意图

结合学生刚刚学过的前两篇课文，由激趣入手，让学生对所学知识产生初步的兴趣，并为学生走进文本做好铺垫，即完成“六步三阶段”中第一阶段中的“注意与预期”这一步。

二、进入文本，延趣扩知

1.投影展示

《我为什么写作》（汪曾祺）

我事写作，原因无它：从小到大，数学不佳。
考入大学，成天泡茶。读中文系，看书很杂。
偶写诗文，幸蒙刊发。百无一用，乃成作家。
弄笔半纪，今已华发。成就甚少，无可矜夸。
有何思想，实近儒家。人道其理，抒情其华。
有何风格？兼容并纳。不今不古，文俗则雅。
与人无争，性情通达。如此而已，实在无啥。

2.说一说你知道的汪曾祺，同学畅所欲言，教师适当补充

汪曾祺（1920—1997），江苏高邮人，现当代著名小说家、散文家、戏剧家。师从沈从文，是京派作家的代表人物。被称为“抒情的人道主义者”“中国最后一个士大夫”“中国最后一个纯粹的文人”。

代表作有散文集《蒲桥集》、小说集《邂逅集》、小说《大淖记事》《受戒》等。

设计意图

本环节是由学生自由发挥的环节，学生对作者可能有了一些初步了解，可以根据学情适当补充修正，完成“六步三阶段”中第一阶段中的“激活原知识”这一步。

3.朗读散文，完成表格

（1）初读课文：分十二个小组，朗读课文（每组一个月，了解“月令”的特点）。

（2）细读课文：小组合作探究完成表格。

月份	葡萄的生长状况	精彩语句
一月		
二月		
三月		
四月		
五月		

续表

月份	葡萄的生长状况	精彩语句
六月		
七月		
八月		
九月		
十月		
十一月		
十二月		

4. 学生思考并交流

（1）这是一篇流水账吗？为什么？

（2）作者把重点放在三、四、五、八几个月上，为什么选择这几个月作为重点呢？

设计意图

1. 朗读：让学生整体感知文本，并了解“月令”的特点。这个环节是初读，学生会对文章的结构——以“月令”为构思方式——产生兴趣，带着这种疑问，进入品读文章的第二个环节。

2. 再读文本：学生是带着任务再次进入文本的，通过合作探究的方式，概括每月葡萄生长的情况，并筛选出自己认为精彩的语句，本环节为后面精读文本，鉴赏语言做好铺垫。

3. 完成“六步三阶段”中第一阶段中的“选择性知觉”和“新信息进入原有命题网络”这两步。

三、品鉴语言，引趣促写

1. 结构特点

“苦心经营的随便”：以“雪”开始，以“雪”作结，首尾呼应。十二个月，有详有略，有所侧重。

2. 品鉴语言

汪曾祺说：“我觉得伤感主义是散文的大敌。挺大的人，说些姑娘似的话……我是希望把散文写得平淡一点，自然一点，家常一点的。”你觉得这篇散文的语言平淡不平淡？请举例说明。

（1）描绘景物的色彩、形状、声音，让景物具有立体感。

（2）调动自己的视觉、听觉、触觉、味觉等多种感觉描摹景物，突出其可感性。

（3）状物散文有别于一般说明文的一个重要方面是它常带有情感、理趣，并不从科学的角度排斥主观因素，而且使用手法也常常是文学的，如比喻、夸张、拟人、比拟等。

总结：口语化，想象与联想，修辞手法，动词的运用，清新的色彩等。

3. 了解意图

这篇散文果然很“散”，初次读来感觉像流水账。作者通过自己的细致观察，详细介绍了葡萄十二个月的生长情况。语言平实自然，口语化，作者为什么写这篇文章，难道仅仅是想写出葡萄的生长状况吗？在这篇别致的散文之中，洋溢着对葡萄的热爱，展现出作者对生活的一种乐观积极的态度，表现出文人的灵性和雅致的情趣。

设计意图

1.三读课文其实应该是“精读课文”，仔细研读，鉴赏散文中精彩的语句，体察其看似随意的布局却安插作者精巧的构思，品味其平淡外表下蕴含的深厚的对生活的热爱之情。

2.深入文本，让学生产生对作者以及其文字的浓厚兴趣，进而激发其探究意识和写作的兴趣；让其带着深深的兴趣，走进“葡萄园”，“品尝”文字与生活的甘美；从而达到“引趣促写”的目的，以落实教学重点和难点。

3.完成“六步三阶段”中第二阶段中的“认知结构的重建与改组（知识转化为能力）”这一步。

四、观察生活，活趣活用

1.练笔：试用“十二月令”写作方式，写一写你一周的生活。

2.结语：现代人的生活节奏越来越快，身边的“凡人小事”还没来得及完全呈现自己的意义就被抛到记忆的背后。由此看来，人们除被“忙”包裹、挤压之外，似乎根本体验不到人生的其他乐趣。汪曾祺的散文在向人们发出这样的吁请：慢点走，欣赏生活，欣赏你自己啊！

设计意图

1.根据课文的内容进行写作训练，体现语文课程的实践性，并使学生的情感得到升华，在语文学科教学中渗透情感、态度与价值观目标。

2.完成“六步三阶段”中第三阶段中的“技能在新情境中的应用”这一步。

五、拓展作业

阅读汪曾祺的小说《受戒》或者其他作品，完成读书笔记。

六、板书设计

《葡萄月令》

汪曾祺

人

热爱生活　趣

文

结构　语言

设计意图

板书设计突出了汪曾祺的文章及他为人最大的特点：有趣和热爱生活。这也是本文语言最大的亮点，可以借助板书帮助学生把握文章重点和作者的写作意图。这也是“六部三阶段”中第三阶段“根据线索提取知识”这一环节。

（本文作者：天津市第二中学　曾辉）

（指导教师：李梅）

《雨巷》教学设计

【文本分析】

《雨巷》是一首朦胧又凄婉的现代诗。那悠长而破败的雨巷、哀怨而清丽的丁香姑娘、寂寞而彷徨的“我”，都具有某种象征的意味。这种象征意味的多解性，形成了一种呼唤结构，呼唤着每个读者在这首诗中投射自己的情感和理解。

同时，这首诗借助反复、叠词、联绵词造成了一种与诗歌意境相匹配的音韵之美。故而，叶圣陶先生称此诗“替新诗的音节开了一个新纪元”。

【教学目标】

针对本诗的特点和学生的认知起点，采取朗读教学法来展开本课的教学。朗读活动有助于形成敏锐的语感，从而提高语文知识的转化效率，同时也是师生围绕文本进行对话，建构理解的载体。通过朗读活动学生可以更直观地感受、体验言语形式，进而获得言语能力，并从中获得审美体验。

1.知识与能力目标

通过朗读活动，学生了解新诗的节奏韵律，进而感受新诗的音韵美以及言语内容与言语形式之间的契合关系。

2.过程与方法目标

通过本诗体会意象的形象特征和与象征义之间的联系，学生借以初步了解象征派的诗歌特点，初步关注现代诗歌与古典诗歌的文化传承现象。

3.情感态度与价值观目标

基于以上活动的体验，尝试写一首现代诗小诗，或制作配乐朗读音频，发展形象思维、直觉思维。

【教学重点】

1.探索言语内容与言语形式之间的契合关系。

2.体会意象的形象特征和与象征义之间的联系。

【教学难点】

感受新诗的音韵美。

【课时安排】

1课时。

【教学进程】

一、介绍作者，知识导入

一首好诗，一联佳句，是匆匆的生命留给世界的永恒印记。能将自己的名字和作品紧紧连在一起也是诗人的殊荣。唐有秦观因一句“山抹微云，天粘衰草”得名“山抹微云君”，宋代有宋祁因一句“红杏枝头春意闹”得名“红杏尚书”。近代也有这样一位诗人他就是“雨巷诗人”戴望舒。戴望舒在22岁写下《雨巷》，得名“雨巷诗人”。叶圣陶曾高度评价这首诗，称其“开启了诗歌音节的新纪元”。今天我们就通过朗读，一起走进诗人当年那条雨巷。

设计意图

导入，能营造出优雅深渊的审美意境，同时引导学生注意鉴赏本诗的音韵特点，为本课的朗读教学作好铺垫。

二、初朗读，感受节奏基调

1.请同学来试读这首诗。

2.通过朗读指导，带领学生发现本诗形式上所具有的韵律特点。

明确朗读的速度
缓慢 → 把握全诗基调
低沉哀婉 → 探索语言形式上的特点
破句为行
ang韵延长音程
反复、重叠手法

设计意图

1.通过朗读活动，学生能够发掘言语内容与言语形式之间的契合关系。

2.将对诗歌言语的感性认识上升到对言语形式的理性品鉴。

三、再朗读，重塑诗中形象

1.概括“雨巷”这一意象的特点。

2.通过“寻找丁香姑娘”活动，学生初步把握丁香姑娘的气质特征。

3.补充资料，进一步了解丁香意象的传统含义，丰富“丁香姑娘”的形象。

4.利用轻重、音高、音程等技巧，指导2至4段的朗读。

设计意图

1.“寻找丁香姑娘”的评选活动趣味性强，直观生动，有利于调动学生的想象力，发展形象思维。同时，在评选的过程中，学生会自觉地、主动的回归文本，激发研读文本的热情。

2.“读以传形”的朗读任务，能引领学生明晰“丁香姑娘”和“雨巷”两个意象，进而为探讨本诗的主旨做好铺垫。

3.介绍“丁香”这一意象在传统诗歌的象征含义，解决了学生“丁香”这一修饰成分在理解上带来的障碍。

四、三朗读，读出作者心曲

1.朗读第一节和最后一节，看看读法上有何异同。

2.讨论：你觉得丁香姑娘是现实的还是虚构的?

3.拓展延伸：中国古代作品中的“美人”的象征含义，并补充本诗写作背景。

4.概括总结戴望舒诗歌的风格特征。

设计意图

1.朗读首尾两段，对比“我”的情绪的变化，进一步深化对本诗情感的理解。

2.讨论主旨，体会诗歌多解性、朦胧性，进而激发课余时间阅读新诗的兴趣。

五、四朗读，读出自己的故事

师生合作，配乐朗读

设计意图

本课设计以朗读贯穿始终，最后的朗读活动，使学生在感受美、鉴赏美、领悟美之后，能够创造美。将自己对这首诗的理解带入这首诗，同时用这首诗演绎自己的心灵故事，进而从读者视角丰富、重建本诗的内涵。

（本文作者：天津市四十二中学　沈悦）

（指导教师：王春红）

古诗文

《夜雨寄北》教学设计

【文本分析】

《夜雨寄北》这首古诗语言朗朗上口，便于记诵，可能多数人都会背，但不一定能深入理解其诗意，尤其是其中“时空转换”的运用，未必领会得透。针对“时空转换法”，教师在教学时进行点拨，让学生去读悟，去体会，去感受，去理解，最后达成学以致用，以读促写。

【教学目标】

1.知识与能力目标

领会诗意，学习“时空转换法”的运用。

2.过程与方法目标

学以致用，运用“时空转换法”写成一段文字。

3.情感态度价值观目标

体会诗人的情感，培养学生欣赏诗歌的情感体验。

【教学重点】

设身当时的情境，感悟作者的情感，体会不同时空给诗歌带来的立体感。

【教学难点】

运用“时空转换法”写一段文字。

【课时安排】

1课时。

【教学进程】

一、知作者，导新课

李商隐，字义山，号玉溪生，怀州河内（今河南省沁阳市）人。在晚唐诗人中，他的诗歌艺术成就最高，和另一位著名诗人杜牧合称为“小李杜”，也是唐代诗人中的“三李”之一（“三李”还有李白、李贺）。他擅长律诗、绝句，所作诗歌典雅华丽，形象鲜明，具有独特的艺术风格。尤其是他的爱情诗，最为人传诵，他对后代诗人及词人的影响很大。主要名篇有《登乐游原》《无题》《夜雨寄北》等。

今天让我们走进李商隐，走进他的《夜雨寄北》，去感悟他独有的情怀吧。

设计意图

结合旧知引出新知，创设古诗学习意境，激发学生的学习兴趣。完成“六步三阶段”中第一阶段中的“注意与预期”和“激活原知识”这两步。

二、解诗意，悟诗境

1.同学们，要想真正走进李商隐，走进李商隐的《夜雨寄北》，还得知晓这首诗的意思，大家说说了解诗意的方法有哪些？学生自由回答，老师总结。

了解诗意的方法有：反复诵读；看注释；想画面（注意不同时空）；利用插图；了解诗人的写作背景。

2.利用总结的方法组织学生分组学习。

3.学生阐述诗意。

第一句：“君问归期未有期”。“君”是诗人对对方的称呼，可指朋友或爱人。诗前隐去了大部分内容，可以猜测是此前诗人收到了来自对方的讯息。此处写过去。

第二句：“巴山夜雨涨秋池”。此处写眼前，写当时自己所处的环境。一个“涨”字写出了雨势之大，也暗示着无限的怀人之情。

第三句：“何当共剪西窗烛”。此处写未来。这是对重逢后温馨场面的幻想，此句贵在能够宕开一笔，从眼前跳到将来。

第四句：“却话巴山夜雨时”。与相对之人久别重逢，谈些什么呢？谈的就是此时经历的巴山夜雨。烛影温存，亲人得遇，劫难之后谈劫难，在强大的对比与反差中，诗人孤寂敏感的内心该是何等宽慰。如果说第二句里的“巴山夜雨”是实写，此句的“巴山夜雨”则亦实亦虚，既是未来图景，又是诗人此刻所处之境。

4.教师总结：这首诗之所以美，利用时空转换获得跳跃性是其重要因素。诗很短，其中却包含了四次时空转换。

设计意图

1.通过自主合作探究，学生能在老师的引领下进入文本，整体感知诗意，通过生生对话、师生对话的互动方式，集思广益，使学生心中似是而非的问题得到澄清，错误得到修正。

2.营造一种宽松的课堂氛围，让学生有质疑和释疑的机会。让学生自己去探索新知，寻找适合自己解决问题的最佳途径，让学生在一种民主、平等的气氛中获得亲身参与探究的体验，逐步积累探究经验，提高探究技能。

3.完成“六步三阶段”中第一阶段中的“选择性知觉”和“新信息进入原有命题网络”这两步。

三、学方法，改戏剧

引导学生把这首诗改写成一部四幕剧

时空转换是戏剧艺术和电影艺术所不可缺的要素，《夜雨寄北》这首诗里包含着多次时空转换，完全可以把这首诗改写成一出戏剧。

（示例）

第一幕：信至。时间：过去。主人公（动作）：收信，写信。主人公（感情）：矛盾而深情。

（填空）

第二幕：夜雨。时间：________________主人公（动作）：________________主人公（感情）：________________

第三幕：剪烛。时间：________________主人公（动作）：________________主人公（感情）：________________

第四幕：时间：________________主人公（动作）：________________主人公（感情）：________________

设计意图

1.转换形式，引导学生进一步体会诗歌的意境美，感受李商隐诗歌独特的朦胧美。

2.引导学生走入文本深处，走进诗人情感深处，通过多角度联想，大胆想象，丰富原作内容，有创意地再现原作意境，从而为下一步学以致用做好铺垫。

3.完成“六步三阶段”中第二阶段中的“认知结构的重建与改组（知识转化为能力）”这步。

四、借方法，写作文

1.教师讲解什么是“时空转换法”

所谓“时空转换”，就是跨越时间和空间的限制，突破现实与环境的约束，大胆地创造出特殊场景，把那些原本处于不同时空的人物或场景串联起来，以展现生活的一种构思方法。

运用“时空转换法”选取“连接点”很重要，“连接点”是不同故事或场景的交叉点，因其特殊性，能起到很好的贯穿和沟通作用，如李商隐《夜雨寄北》里的“巴山夜雨”，便连接了现在、未来，又从未来连接到现在。

2.出示作文题目：“师生之间”

3.重点提示

（1）写这篇作文，可提炼出来的关于老师“严”与“爱”的素材很多：老师对自己表现的不满意，课上对同学们高标准的要求，言谈之间对学生的关注和激励等。如何完成时空的跨越，把这些独立存在的、看似平凡的材料组织到一起并幻化出精彩呢？这就需要选择一个恰当的连接点。连接点不一定在每则素材中都客观存在，文学是高于生活的，可以虚构出这个关键点来布局谋篇。

如上述作文练习，就可以设置一个“没有完成作业”的连接点，使已经提炼的素材都与其发生密切关联。在此基础上，还可以沿着这个点进一步联想，把与其相关的其他时空里的故事或场景植入文章来充实内容。

（2）运用这种方法写作文，有一点值得注意：看似天马行空的时空转换并不是随意而为，无论怎样奇幻，联想和想象都必须建立在反映现实生活的基础上。写作文是抒真情写真事，不是编造完全脱离于现实的天方夜谭。

设计意图

1.帮助学生在理解诗意感悟诗情后，联系生活，从认识和情感上产生共鸣，激发写作动机。培养学生学习的自主性、积极性、创造性。

2.完成“六步三阶段”中第三阶段中的“技能在新情境中的应用”这一步。

五、留作业，重能力

以“师生之间”为题写一篇作文，运用“时空转换法”，字数600字左右。

六、板书设计

夜雨寄北：时空转换法

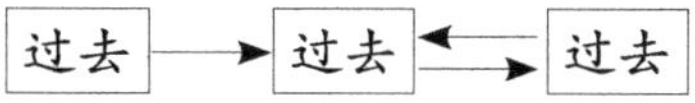

设计意图

板书设计力求简洁明了，同时通过板书来完成“六步三阶段”中第三阶段中的“根据线索提取知识”这一步。

（本文作者：天津市滨海新区大港十中　南洋）

（指导教师：叶淑明）

《茅屋为秋风所破歌》教学设计

【文本分析】

这首诗描绘秋夜屋漏、风雨交加的情景，真实地记录了草堂生活的一个片段。末段忽生异境，以切身的体验，推己及人，进一步把自己的困苦丢在一边，设想大庇天下寒士的万间广厦。这种非现实的幻想建立在诗人许身社稷、饥溺为怀的思想基础上；而博大胸怀之表现，则使作品放射出积极的浪漫主义光辉。全诗语言极其质朴而意象峥嵘，略无经营而波澜迭出，盖以流自肺腑，故能扣人心弦。

【教学目标】

依据课题的要旨，语文课程必须根据学生身心发展和语文学习的特点，关注学生的个体差异和不同的学习需求，爱护学生的好奇心、求知欲，充分激发学生的主动意识和进取精神，倡导自主、合作、探究的学习方式。故确立本课的三维教学目标如下。

1.知识与能力目标

（1）能用普通话正确、流利、有感情地朗读文章。

（2）理解诗的内容及诗人忧国忧民的思想与沉郁顿挫的诗风。

（3）进一步体会杜甫叙事精炼的特点。

2.过程与方法目标

（1）在自主合作探究中展开学生与文本、学生与学生、学生与教师、学生与作者的对话。

（2）在多重朗读中品味细节，鼓励学生对文本进行个性化解读。

3.情感、态度与价值观目标

理解诗人许身社稷、饥溺为怀的思想，感受诗人的博大胸怀。

【教学重点】

理解本诗歌所体现的作者的思想感情，并把这种理解反馈到诵读之中。

【教学难点】

杜甫诗作的叙事精炼，藏白艺术；风格沉郁顿挫，人品即诗品。

【课时安排】

1课时。

【教学进程】

一、温习旧知，谈话导入

今天我们一起来欣赏杜甫的一首诗《茅屋为秋风所破歌》。（用多媒体在字幕上打出题目）大家都知道，唐朝有两位伟大的诗人，一位是李白，他是浪漫主义诗人，人们把他叫做“诗仙”；另一位就是杜甫，他是什么诗人？（学生回答：现实主义诗人。）人们叫他为——？（学生回答：“诗圣”。）（用多媒体打出杜甫的画像。这里我运用了1962年邮电部发行的纪93《杜甫诞生1250周年》两枚邮票。邮票上不仅有杜甫画像和杜甫草堂，还有郭沫若、朱德对杜甫的评价对联：世上疮痍诗中圣哲，民间疾苦笔底波澜；草堂留后世，诗圣著千秋。）

设计意图

结合学情特点，为课堂营造一种轻松、愉悦、积极、温馨的氛围，并为学生走进文本作好铺垫。即完成“六步三阶段”中第一阶段中的“注意与预期”和“激活原知识”这两步。

二、自读，感受作者感情

1.检查预习。

2.学生自读诗歌。学生齐读，并提醒学生在齐读时注意字的读音，注意领会这首诗的思想感情。

3.同学之间进行交流。

设计意图

1.通过自读的方式，让学生自主进入文本，整体感知文章，展开学生与文本、学生与教师的对话。把握文章的内容和结构之美，从而突出教学重点。

2.引导学生从文章局部进行自主阅读，展开学生与文本、学生与学生、学生与教师的对话。为学生搭建展示学习成果的平台，力求于师生对话中有所生成。于交流中使文章的语言美自然得以彰显。从而，落实过程与方法目标，突出教学重点。

3.完成“六步三阶段”中第一阶段中的“选择性知觉”和“新信息进入原有命题网络”这两步。

三、研读

赏析第一诗节

1.作者是如何描述秋风的？为什么用“怒号”，而不用“猛烈”“凶猛”等词语，有何区别？

2.后面的动词有哪些？用法有什么好处？

讨论明确：后面还有“飞”—“洒”—“挂”—“飘转”—“沉”等动词，刻画了茅草飞扬的动感画面。

根据上下文语境揣摩语言，确定词语是否用的得当，这种阅读方法很好。在揣摩语言的基础上，再让学生齐读第一段，教师进一步强调朗读时要重点突出这些词语，注意体会其运用的妙处。

设计意图

1.引导学生进一步深入文本，踏上与作者心灵对话的通幽曲径，去把握文心脉搏的跳动，强化他们的情感体验。

2.激发学生的探究意识，引导学生在读走进文章的字里行间，透过纸面去体味纸背中蕴含的情感，鼓励学生发表自己对此问题的独立见解。于交流中使文章的意蕴美自然得以彰显。从而，落实过程与方法目标，突破教学难点。

3.完成“六步三阶段”中第二阶段中的“认知结构的重建与改组（知识转化为能力）”这一步。

四、悦读，学习语言表达

设计意图

1.根据课文的内容进行读写活动，体现语文课程的实践性，并使学生的情感得到升华，在语文学科教学中渗透情感、态度与价值观目标。

2.完成“六步三阶段”中第三阶段中的“技能在新情境中的应用”这一步。

五、拓展作业

1.朗读诗歌，背诵诗歌。

2.运用描写与想像，将本诗改写为一篇记叙文。

六、板书设计

茅屋为秋风所破歌

狂风屋破，茅草乱飞　心情苦痛

群童抱茅，倚杖叹息　无可奈何

屋漏衾裂，彻夜难眠　忧思不绝

愿现广厦，大庇寒士　直抒胸臆

（博大胸襟　崇高理想）关心民生　忧国忧民

（本文作者：天津第二十中学　李曼）

（指导教师：杨晓冬）

《蒹葭》教学设计

【文本分析】

《蒹葭》选自《诗经·秦风》，是《诗经》中的名篇，于古于今，都闪耀着灿烂的光辉。它描绘了一幅唯美而感伤的场景：深秋的清晨，主人公在长满芦苇的河畔苦苦追寻心中的“伊人”，而“伊人”始终缥缈阻隔，可望难即。

对《蒹葭》的赏析历来是多维度的，最常见的是从音韵、意象和情感三个方面领略它延续千年的美。《课程标准》要求初中生“熟读古代诗词，有意识地在积累、感悟和运用中提高自己的欣赏水平和审美情趣”。所以，教学本课时，既要关注积累，又要要求学生对诗歌的意象和主旨有适度的理解和掌握，同时提高审美情趣。

【教学目标】

基础教育课程改革重点提出了核心素养的理念。语文学科的核心素养主要包括“语言的建构与运用”“思维的发展与提升”“审美的鉴赏与创造”以及“文化的传承与理解”四个方面。因此，在自主学习、合作探究的模式下，我将本课教学的三维目标确定如下。

1. 知识与能力目标

（1）了解《诗经》的基本常识。

（2）引导学生在把握全诗感情基调的基础上，有感情地朗读诗歌，品味诗歌的音乐美。

（3）对诗歌意象有大概的了解。

（4）在自主学习、合作探究中，深刻体会起兴的艺术手法。

2. 过程与方法目标

（1）通过自主学习、合作探究，培养和提高学生准确把握作品思想感情的能力。

（2）在朗读中训练学生的朗读能力，加强学生对诗歌的个性化解读。

3.情感、态度与价值观目标

（1）在美读中感受先人的情感美，陶冶高尚的道德情操。

（2）领略源远流长的中华民族传统文化，激发学生对我国古典文学作品的兴趣与热情。

【教学重点】

1.引导学生分析《蒹葭》中的人物形象，领会起兴艺术手法的妙处。

2.把握《蒹葭》中的重章复唱的特点，感受诗歌的音韵美。

【教学难点】

品味诗歌的语言，准确把握诗中人物的情感。

【课时安排】

1课时。

【教学进程】

一、创设情境，导入新课

1.多媒体播放邓丽君歌曲《在水一方》，为本课的学习创设情境。

2.教师提问："谁知道这首歌词的出处？"在问答中引入本课的学习。

设计意图

《诗经》与音乐密不可分，八年级学生已经初步具备了一定的音乐素养，有了一定的歌曲储备和鉴赏能力，选择邓丽君的歌曲《在水一方》，旨在为课堂营造一种委婉动人、空灵雅致并笼罩着淡淡忧伤的氛围，快速地引领学生走进诗歌意境，即完成"六步三阶段"中第一阶段中的"注意与预期"这一步。

二、自主学习，质疑探究

1.检查预习，落实《诗经》的相关知识。

2.学生闭目聆听教师配乐朗诵，并通过试读，初步感受诗歌之美。

3.学生两人一组，结合注释，调动已有文言词语和古诗知识相关记忆，并运用联想和想象，理解诗歌内容。

4.在理解诗歌内容的基础上，有感情地朗读诗歌，师生点评、指导。

5. 在完成指导朗读的基础上，学生各抒己见，谈谈对诗歌的整体感受，并说一说是从诗句的哪些内容感受到的。

设计意图

1. 通过自主学习和合作学习，在指导朗读的过程中，学生能够全身心地融入诗歌，初步感受诗歌的情感美、意境美和音韵美，从而自然而然地融入课堂。在文本、师生、生生的互动中完成整体感知，落实知识与能力目标“1”“2”和过程与方法目标“1”，初步实现了语文核心素养中“语言的建构与运用”“思维的发展与提升”“审美的鉴赏与创造”的训练与养成。

2. 完成“六步三阶段”中第一阶段中的“激活原知识”“选择性知觉”和“新信息进入原有命题网络”这三步。

三、合作研讨，深入领悟

1. 合作探究写景句：景物有哪些？各有什么特点？这些景物创设了一种怎样的氛围？试用散文笔法描绘一下这幅景象。

2. 结合具体语句探究体会在这苍茫凄清的背景下，主人公追寻伊人的过程：

（1）“在水一方”——“在水之湄”——“在水之涘”。

（2）“为霜”——“未晞”——“未已”。

（3）“溯洄从之”“溯游从之”。

（4）“宛在水中……”。

（5）一人伫立水边时感受怎样？

3. 深入研讨主人公追寻的伊人到底是谁——主旨的多义性和模糊性。

4. 美读诗歌，读出意境。

5. 合作探究诗歌起兴的艺术表现手法和重章叠句的表现形式，体会错落有致、文已尽而意有余的表达效果。

设计意图

1. 引导学生抓住意象，与文本对话，深入思考、研讨，进而深入理解、赏析诗歌，化身主人公，加强情感体验。

2. 有效激发学生的探究意识，启迪学生深刻领会寓情于景、情景交融的写法，体味蕴含在萧瑟秋景下的绵长的失望惆怅之情。鼓励学生有独立观点，做个性化解读。在师生、生生的交流中，碰撞出思想与情感的火花。在此基础上理解《诗经》常用的表现手法。从而落实知识与能力目标“3”“4”，过程与方法目标“1”“2”以及情感、态度与价值观目标“1”“2”，突破教学重点和难点，也进一步贯彻落实了语文核心素养的相关内容。

3. 完成“六步三阶段”中第二阶段中的“认知结构的重建与改组”“知识转化为技能”这两步。

四、拓展延伸，运用升华

1. 运用所学到的《诗经》常用艺术表现手法，自主合作探讨《木瓜》。

2. 课堂小结。

设计意图

1. 运用所学到的《诗经》的相关艺术表现手法，自主合作探究解读新的篇章，既使知识转化成了能力，也拓展了学生的阅读面，丰富了情感体验。使情感、态度与价值观目标“1”“2”得到巩固与升华，更通彻地完成了语文核心素养“思维的发展与提升”“审美的鉴赏与创造”“文化的传承与理解”等三个方面的培养与训练。

2. 完成“六步三阶段”中第三阶段中的“技能在新情境中的应用”这一步。

五、当堂背诵，展示成果

1. 当堂背诵并展示。

2. 在《在水一方》的音乐声中，齐诵诗歌。

六、板书设计

蒹 葭

《诗经》

音韵	起兴	爱情说
意境	美 —— 伊人	招贤说
情感	重章复唱	理想说

设计意图

板书设计力求简洁，涵盖性和提示性强，同时通过板书来完成“六步三阶段”中第三阶段中的“根据线索提取知识”这一步。

（本文作者：天津市宝坻区第二中学　唐杰）

（指导教师：孙伟）

《短歌行》教学设计

【文本分析】

曹操是三国时期杰出的政治家、军事家、文学家，其思想磅礴深邃、艺术风格独树一帜，本篇是其代表作之一。诗歌运用用典、比兴、借代手法曲折又深切地表达了自己渴望招纳贤才以建功立业的殷切之情。

【教学目标】

诗歌教学侧重在整体感知的基础上，通过诵读渐深体会诗歌的情感和思想内涵。依据课题的要旨和新课改的要求，课堂采用了合作、探究的方法激发学生的学习兴趣和探究精神，使学生能集中精力高效学习。

1.知识与能力目标

（1）知人论世：了解曹操生平为人、功业建树、文学风格以及时代特征。

（2）掌握诗歌意象，从整体上把握汉魏诗歌的典型艺术手法。

（3）培养学生对古诗词的鉴赏能力。

2.过程与方法目标

（1）准确、熟练、有感情、有节奏地诵读全诗。

（2）明析典故，追本溯源，积累运用。

（3）合作探究，鼓励学生对文本进行个性化解读，展开学生与文本之间的对话。

3.情感、态度与价值观目标

（1）把握作者情感的转变，学习曹操积极进取、有担当有作为的精神。

（2）感受曹操求贤若渴的诚意和建功立业、一统天下的豪情。

【教学重点】

1.抓住诗歌的特点，反复诵读。

2.克服诗歌语言上的障碍和时间上、年龄上的跨度，体会诗人曲折表达自己渴望招贤纳才以建立功业的心情。

【教学难点】

学习作者运用典故和比兴手法表达感情的技巧。

【课时安排】

1课时。

【教学进程】

一、温习旧知，歌曲导入

1.播放《三国演义》主题曲《滚滚长江东逝水》创设情境，营造浓郁的古诗文学习氛围。“滚滚长江东逝水，浪花淘尽英雄。是非成败转头空。青山依旧在，几度夕阳红。白发渔樵江渚上，惯看秋月春风。一壶浊酒喜相逢。古今多少事，都付笑谈中。”（明·杨慎《临江仙》）

2.帮助同学们回忆初中学过的曹操作品《蒿里行》《观沧海》，全班一起背诵，并表达对其中主旨句的理解。

设计意图

结合学情和课文特点，为课堂营造一种深沉、积极、澎湃的氛围，启发学生思考，为走入文本做铺垫。完成“六步三阶段”第一阶段“注意与预期”和“激活原知识”两步。

二、自读，感受诗人深沉的思想

1.组长检查预习，落实重点字读音、文学常识、背景介绍。

明确：

譬如朝露 pì　　青青子衿 jīn　　呦呦鹿鸣 yōu　　何时可掇 duō

契阔谈讌 yàn　　绕树三匝 zā　　周公吐哺 bǔ

生平介绍：三国时期政治家、军事家、文学家。字孟德，小名阿瞒，沛国谯县人。封魏王。子曹丕称帝，追尊为武帝。

军事功绩：初举孝廉，任洛阳北部尉，迁顿丘令。在镇压黄巾起义和讨伐董卓的战争中，逐步扩充军事力量。建安元年，迎献帝都许。从此用其名义发号施令，先后削平吕布等割据势力。官渡之战大破河北割据势力袁绍后，逐渐统一中国北部。建安十三年（208），进位为丞相，率军南下，被孙权和刘备的联军击败于赤壁。

政治策略：在北方屯田、兴修水利，解决了军粮缺乏的问题，对农业生产的恢复有一定作用。用人唯才，罗致地主阶级中下层人物，抑制豪强，加强集权。所统治的地区社会经济得到恢复和发展。

文学成就：建安文学新局面的开创者和创造者。与其子曹丕、曹植合称“三曹”。他们开创的一代诗风，被称为“建安风骨”。围绕在他们周围的一批诗人叫“建安诗人”。他的诗大致分为两类：一类是反映汉末动乱的现实，代表作有《蒿里行》《苦寒行》等；另一类则主要表现曹操统一天下的雄心和顽强的进取精神，代表作有《短歌行》《观沧海》等。

背景介绍：建安十三年冬天，五十三岁的曹操亲率八十三万大军，列阵长江，欲一举荡平“孙刘联盟”，统一天下。赤壁大战前夕，曹操在大江之上置酒设乐，欢宴诸将。饮至半夜，忽闻鸦声望南飞鸣而去，曹操感此景而持槊歌此《短歌行》。

2.学生轻声自读全诗。思考以下问题。

（1）什么是“短歌”？如何通过诵读来体现“短歌”的特点？

“行”是古代诗歌的一种体裁，可配乐歌唱。“长歌”“短歌”都是汉乐府中的曲调名称，根据歌词音节长短进行划分。一般而言，长歌热烈奔放，短歌低吟短唱，适于抒发内心的忧愁和苦闷。

（2）作者感慨“对酒当歌，人生几何”，全诗的基调是低迷消沉的吗？

作者在诗歌开篇表达了对人生短促的感慨，但并没有软弱消沉，而是要在有限的生命中干一番轰轰烈烈的大事业（“慨当以慷，忧思难忘”），整体基调慷慨、深沉。

3.课堂交流

（1）整体感知作者情感、文章主旨，从诗中找原句作为解读依据。

（2）画出诗中引用的典故，找出理解不通的部分。

明确：典故—

青青子衿，悠悠我心

青青子衿，悠悠我心。纵我不往，子宁不嗣音？

青青子佩，悠悠我思。纵我不往，子宁不来？

挑兮达兮，在城阙兮。一日不见，如三月兮。

——《诗经·郑风·子衿》

呦呦鹿鸣，食野之苹

呦呦鹿鸣，食野之苹。我有嘉宾，鼓瑟吹笙。吹笙鼓簧，承筐是将。人之好我，示我周行。

呦呦鹿鸣，食野之蒿。我有嘉宾，德音孔昭。视民不恌，君子是则是效。我有旨酒，嘉宾式燕以敖。

呦呦鹿鸣，食野之芩。我有嘉宾，鼓瑟鼓琴。鼓瑟鼓琴，和乐且湛。我有旨酒，以燕乐嘉宾之心。

——《诗经·小雅·鹿鸣》

山不厌高，海不厌深

海不辞水，故能成其大；山不辞土，故能成其高；明主不厌人，故能成其众。

——《管子·形势解》

周公吐哺，天下归心

周公戒伯禽曰："我文王之子，武王之弟，成王之叔父，我下天下亦不贱矣。然我一沐三捉发，一饭三吐哺，起以待士，犹恐失天下之贤人。子之鲁，慎无以国骄人。"

——《史记·鲁周公世家》

设计意图

1.自读让学生主动进入文本，展开学与文本的对话。学生先行、文本先行，自发主动地思考，让学生有对诗歌自我解读的过程，教师再加以疏通和引导，这样才能突出学生是学习的主体。

2.生生合作搜集典故信息，分析典故内涵，落实过程与方法目标，突出教学重点。

3.完成"六步三阶段"第一阶段"选择性知觉"和"新信息进入原有命题网络"这两步。

三、研读，品"忧"的含义

1."忧"字出现多次，合作探究"忧"字的深层内涵。

忧人生短暂　对酒当歌，人生几何！譬如朝露，去日苦多。

忧求贤不得　青青子衿，悠悠我心。但为君故，沉吟至今。

明明如月，何时可掇？

月明星稀，乌鹊南飞。绕树三匝，何枝可依？

忧功业未就　呦呦鹿鸣，食野之苹。我有嘉宾，鼓瑟吹笙。

　　　　　　山不厌高，海不厌深。周公吐哺，天下归心。

2. 小结：文章主旨，写法特点。

主旨：抒发作者因时光易逝、功业未就而产生的苦闷心情和招纳贤才、渴望建功立业的思想。

写法：

1. 巧用典故

青青子衿，悠悠我心——《诗经・郑风・子衿》

呦呦鹿鸣，食野之苹——《诗经・小雅・鹿鸣》

山不厌高，海不厌深——《管子・形解》、

周公吐哺，天下归心——《史记・鲁周公世家》

2. 巧用比兴

明明如月，何时可掇—— 贤才喻明月，以渴盼摘取月亮表达盼望贤才来归的心愿。

月明星稀，乌鹊南飞；绕树三匝，何枝可依——乌鸦比喻贤士，贤士徘徊选择明主。

山不厌高，海不厌深——以山海自比，喻广招人才的博大胸怀。

3. 慷慨激昂之气

全诗融抒情、写景、叙事于一炉，把对客观社会生活的描绘与主观思想上的苦闷忧郁情绪的抒发有机地结合起来，使诗歌气魄宏伟，感情充沛，时忧时喜，忽徐忽急，展示着诗人博大坦荡的胸怀。

设计意图

1. 引导学生逐步深入文本，把握文脉，体验情感的变化。

2. 激发学生的学习兴趣和探究意识，引导学生具有文本意识，并能追本溯源、透过字面意思体会深层内涵，能发表自己的看法，提出不同的见解。在生生合作交流中逐步加深对诗歌主旨的领悟。落实过程与方法目标，突破教学难点。

3. 完成“六步三阶段”第二阶段中“认知结构的重建与改组（知识转化为能力）”这一步。

四、悦读，学习语言表达

1. 京剧脸谱将曹操勾画成白脸，给人阴险、奸诈、残暴的印象；罗贯中在《三国演义》中将曹操刻画为“治世之能臣，乱世之奸雄”；而《三国志》中曹操又是一个“忠臣贤相”“杰出英雄”，结合这首诗的学习谈一下曹操究竟是一个怎样的人？

2.英雄，也许是历史上建立了丰功伟绩的帝王伟人，也许就是我们身边最普通的平民百姓。你心中的英雄是谁？为什么？

3.结语。诗人少年时期曾立壮志：致君尧舜上，再使风俗淳。但如今却老病孤愁，毫无建树，本诗表达了作者对人生短促的感慨，但并没有软弱消沉，却要在有限的生命中干一番轰轰烈烈的大事业。抒发作者对嘉宾的礼遇，对贤才的渴望，表达作者胸怀大志，一统天下的愿望。

设计意图

1.根据课文的内容进行写作练习，体现语文课程的应用性和实践性，并使学生的情感得到升华，在教学中渗透情感、态度与价值观。

2.完成“六步三阶段”第三阶段“技能在新情境中的应用”这一步。

五、拓展作业

新课标强调“语文学习要出于教材，但又不能局限于教材，应向生活延伸，注重对学生人文精神的引导。”请结合《鸿门宴》里的相关内容，讨论刘项二人成败与用人态度的内在联系，并找出《三国志》中的具体情节引出曹操的用人观。

六、板书设计

慨当以慷，忧思难忘　　　　→光阴易逝

何以解忧，唯有杜康　忧　→贤才难求

忧从中来，不可断绝　　　　→功业未就

设计意图

板书设计是课堂的一个亮点，可以帮助学生有效记忆本课重点。同时通过板书来完成“六步三阶段”第三阶段“根据线索提取知识”这一步。

（本文作者：天津市第四十一中学　陆晓曼）

（指导教师：王春红）

《登高》教学设计

【文本分析】

杜甫的《登高》被誉为“七律之冠”，诗歌的韵味，诗歌的意境，诗歌的情感非常值得我们感悟体会。这首七律是杜甫晚年的代表之作，承载了诗人对人生，对家国真挚强烈、复杂深邃的情感。而中学生阅历浅，理解本诗有难度，因此本课我将和学生开展研讨交流，鼓励学生自主学习，畅所欲言，相互学习，弥补不足，共同提高。

【教学目标】

新课程改革鼓励学生自主学习，互助提高；在研讨与交流教学活动中感知诗歌的韵律美、意境美、情感美；培养学生诗歌鉴赏兴趣，提高学生诗歌鉴赏能力。故确定本课的三维目标如下。

1. 知识与能力目标

诵读体会杜甫沉郁顿挫的诗歌风格。

2. 过程与方法目标

研讨诗歌的意象、意境、情感。

3. 情感态度与价值观目标

感受“登高”题材的古典诗歌承载的人文内涵。

【教学重点】

有感情地诵读诗歌，体会登高题材常见的情感。

【教学难点】

研讨诗歌的意境和诗人的情怀。

【课时安排】

1课时。

【教学进程】

一、对比导入，温故知新

1.利用2分钟铃的时间，学生齐背《蜀道难》，调动学生诗歌鉴赏的兴趣。

2.利用图表，对比盛唐双子诗歌的流派、语言、风格。诗仙李白的《蜀道难》想象瑰丽，夸张大胆，豪放飘逸的风格凸显浪漫主义的情思。而诗圣杜甫真实质朴的语言、沉郁顿挫的风格彰显现实主义的情怀。

3.今天我们将走近杜甫，赏析被称为七律之冠的《登高》，领略诗人的伟大情怀。

设计意图

鼓励学生将已学的诗篇和诗人进行对比联系，激活学生原知识。课前的背诵不仅起到营造课堂氛围的预热作用，而且有利于完成“六步三阶段”中的第一阶段“注意与预期”。

二、诵读品味

1.欣赏配乐诵读视频。

2.学生感知诗歌的情感基调，并用恰当的词语进行概括。

3.学生自主诵读，请同学代表结合自己的整体感知，进行示范朗读。

4.学生诵读互评，共同商讨诵读的语速、停顿、情绪等注意事项。

设计意图

诗歌的学习最关键的环节就是学生的自主感知和诵读，因此教师要鼓励学生大胆用自己的理解进行诵读，并提倡大家互相点评，取长补短，共同感悟。即完成“六步三阶段”中第一阶段中的“选择性知觉”和“新信息进入原有命题网络”这两步。

三、研读赏析

1.研诗题，解诗意

问题:《登高》题目暗示了你哪些信息?

学生首先想到的是九月初九重阳节，能联系王维《九月九日忆山东兄弟》了解登高是中国人的文化习俗，避灾求福，祈求健康长寿。

教师要引导学生深入探究，“登高”是中国文人诗作中一种常见的题材。例如陈子昂《登幽州台歌》、李商隐《登乐游原》等。

设计意图

从诗题入手，挖掘题中的内涵，培养学生诗歌鉴赏的基本思路——三看两找，即看题目、看作者、看注释，找意象，找情感词。调动学生原有知识，通过教师的引导，将题目提升到题材的高度，并体会文人借登高表达的深远的情感。例如：陈子昂接连受挫，壮志难酬，登幽州台慷慨悲吟；李商隐登乐游原感叹晚唐的衰败，表达自己苦闷的心绪。这一环节完成“六步三阶段”中第二阶段“认知结构的重建与改组”这一步。

2. 研诗境，赏诗韵

采用话筒传递的方式，鼓励每个学生自主研讨，发挥想象，描绘前两联首诗歌的画面。

抓住诗中的意象：风、天、猿、渚、沙、鸟、落木、长江。鼓励学生抓住修修饰词（急、高、哀、清、白、飞、萧萧、滚滚滚）的特点研讨诗歌悲凉壮阔的意境，体味诗中的韵味。

设计意图

采用话筒传递的方式，调动学生的积极性，抓意象特征，充分联想并发挥想象，表达自己头脑中的画面。在这一环节学生相互补充，当然也可反驳，开放的课堂氛围，让学习更有趣味。完成“六步三阶段”中第二阶段“知识转化为能力”这一步。

3. 研诗情，品诗人

在赏析前两联意境的基础上，引导学生抓住后两联的情感词，共同研讨诗中复杂的情感。

学生从诗中找到“悲秋”“常作客”“多病”“独登台”“艰难苦恨”“繁霜鬓”“潦倒”这些情感词语，进一步分析情感的层次。学生通过层递图表，感受诗人复杂的人生情感。

师生共同总结诗人的情感：悲自然之秋——感人生之秋——忧家国之秋。

教师点拨：中国文人登高题材的作品凸显的是有担当、有抱负的有志之士，对国家社会的拳拳赤子心。登高的背后是一份浓烈得难以化解的殷殷爱国情，需要我们体悟，更需要我们继承。

设计意图

诗歌最重要的是感受诗人真挚强烈的复杂感情，而学生因年纪小及经历少，难以完全体悟到诗中的情感。因此需联系作者时代背景及之前所学的《秋兴八首》，完成“六步三阶段”中第三阶段“技能在新情境中的应用”这一步。

四、拓展研讨

利用赏析《登高》的方法研讨杜甫五言律诗《登岳阳楼》。

设计意图

课内外相结合，同作者同题材进行拓展迁移训练，有利用强化课堂教学重点，培养学生鉴赏诗歌的能力，完成“六步三阶段”中第三阶段“技能在新情境中应用”这一步。

五、作业布置

查阅资料自主赏析一首喜欢的登高题材的诗歌。

六、板书设计

《登高》

杜甫

悲		感		忧
自然之秋	——	人生之秋	——	家国之秋

设计意图

理清作品的复杂情感，理解作者家国情怀。完成“六步三阶段”中第三阶段中“根据线索提取知识”这一步。

（本文作者：天津市第八十二中学　李小玲）

（指导教师：孙爱霞）

《咏怀古迹（其三）》教学设计

【文本分析】

本诗是人教版语文高中必修三第二单元第二课《杜甫诗三首》中的第二首，也是杜甫七律组诗《咏怀古迹》的第三首，属咏史怀古诗。作者运用对比反衬、正面描写和侧面烘托等表达技巧塑造了昭君坚强的性格，咏叹了其悲惨的命运。同时，借古抒怀，借咏王昭君不被帝遇、葬身塞外的不幸遭遇来表达自己不被重用的悲苦情怀。

【教学目标】

依据语文核心素养的要求、学生的学情特点和本诗题旨，确立本课三维教学目标如下。

1.知识与能力目标

（1）能够背诵本诗，积累诗词名篇名句。

（2）辨识借古抒怀、对比反衬等表达技巧，理解其作用。

（3）初步掌握咏史怀古诗鉴赏的一般方法，提高诗歌鉴赏能力。

2.过程与方法目标

（1）运用反复诵读的方法，逐步理解诗意，体悟诗歌深蕴。

（2）在小组合作探究中展开对文本的深入解读和对表达技巧的辨识，鼓励学生发表独立见解。

3.情感、态度与价值观目标

理解昭君坚强性格，感受杜甫怀才不遇之情，品味律诗之美。

【教学重点】

1.理解杜甫一生漂泊、怀才不遇的悲慨。

2.辨识借古抒怀、对比反衬等表达技巧，理解其作用。

【教学难点】

辨识本诗借古抒怀等表达技巧，理解其作用。

【课时安排】

1课时。

【教学进程】

一、设置情境，故事引入

1. 播放《昭君怨》的琵琶曲，为接下来的诗歌学习创设情景。

2. 在乐曲声中导入：汉元帝年间，有一个倾国倾城的女子，她背负着大汉的期望，义无反顾地走进了朔风劲草的茫茫大漠中，将她的一汪秋水化成一生的守望，种在了历史的青冢里。这名女子是谁？谁能具体讲讲她的故事？学生讲述，教师补充或纠正。

设计意图

结合学情特点和教学内容，为课堂教学创设背景，营造阔远、深沉、苍凉的意境，为学生理解诗歌内容和情感做好铺垫。即完成“六步三阶段”中第一阶段中的“注意与预期”和“激活原知识”这两步。

二、初读诗歌，读出节奏

检查预习，指名朗读，读出节奏。

三、再读诗歌，读懂内容

1.结合书下注释朗读本诗。

2.组织语言，散译诗句。教师适当点拨。

四、三读诗歌，读懂真情

1.齐读诗歌，找出点明感情的词语——“怨恨”。

2.思考并交流

（1）昭君为何“怨恨”？

（2）诗中的昭君形象是怎样的？

（3）品读重点字词，讨论作者是怎样塑造昭君形象的。

设计意图

1.律诗和古体诗在朗读上有所不同，律诗音律更优美，节奏更鲜明，表意更细腻，在整齐的形式中蕴含了深刻的情感。读出节奏，能够使学生初步感受诗美，进一步引发对诗歌探究的兴趣。反复诵读，以落实名篇积累和过程与方法的教学目标。

2.引导学生紧扣诗句内容，联系课下积累（如匈奴单于继承习俗），多角度理解人物怨恨的内容，激发对王昭君悲剧命运的深切同情，对其只身远赴荒漠、勇于担负民族使命的坚强性格给予充分敬重与赞美，从而落实情感、态度与价值观目标。

3.结合律诗格律要求，特别是颔颈两联对仗的特点，引导学生找出重点字词，展开对诗歌表达技巧的讨论，在学生与文本、学生与学生、学生与老师之间的多层次交流中，力求有所生成，从而突出教学重点，落实知识与能力目标。

4.即完成“六步三阶段”中第一阶段中的“选择性知觉”和“新信息进入原有命题网络”这两步。

五、四读诗歌，读懂旨趣

1.默读诗歌，思考：杜甫为何选择王昭君作为吟咏的对象？

2.小组合作探究，班上交流。

设计意图

1.引导学生理解咏史怀古诗的旨趣，即往往是借他人酒杯浇自己心中块垒，理解借古抒怀的手法，感受诗人“同是天涯沦落人，相逢何必曾相识”的慨叹，深入理解诗人的思想情感，渗透情感、态度与价值观目标。

2.启发学生抓住问题的关键点——昭君和诗人杜甫在身世经历上的相似点进行细致的分析，提供给学生展示自我的舞台，鼓励学生发表自己的独到见解。在探究中碰撞思想，互相启发，互相补充，从而突破教学难点，落实知识与能力目标。

3.完成“六步三阶段”中第二阶段中的“认知结构的重建与改组”这一步。

六、归纳总结，牛刀小试

1.学生一起归纳咏史怀古诗鉴赏方法，教师明确。

2.尝试鉴赏李商隐《贾生》的主旨和表达技巧。

设计意图

1.引导学生总结反思，使感性的赏读上升为理性的方法技巧的认知。

2.通过对同题材诗作的分析鉴赏，实现本课重点知识的迁移，体现语文课程的实践性，提升诗歌鉴赏能力，进一步落实知识与能力的教学目标。

3.即完成“六步三阶段”中第三阶段中的“知识转化为技能”和“技能在新的情境中应用”这两步。

七、拓展作业

阅读《咏怀古迹》其五（咏诸葛亮），进一步感受杜甫一生漂泊、功业无成的悲慨与无奈。

八、板书设计

咏怀古迹

杜甫

昭君	怨恨	诗人
绝代佳人，入宫见妒 画图省识　远离汉宫 身死异国　环佩空归	对比反衬	才华横溢，入朝见妒 不分忠佞　无辜遭贬 漂泊西南　有家难归
↓		↓
不被帝遇，葬身塞外		不被重用，一生漂泊
↓		↓
借古（王昭君）		抒怀（自己的怀抱）

设计意图

1.板书设计提纲挈领，横向上看，是将诗歌的主要内容、思想情感、主要表达技巧汇总在一起；纵向上看，明确了鉴赏咏史怀古的一般步骤。

2.完成“六步三阶段”中第三阶段中的“根据线索提取知识”这一步。

（本文作者：天津市新华中学　杨丽梅）

（指导教师：王春红）

《雨霖铃》教学设计

【文本分析】

在众多的离别诗作中,《雨霖铃》几乎可以说是最悲情缠绵的一首。多情才子柳永描写了自己与情人难舍难分、缠绵悱恻的离别情绪及别后良辰不再、孤单清冷的情景。词中用点染、情景交融、虚实结合等手法，把别前、别中、别后的情态、心理尽情展衍，表现得浑厚绵密，淋漓尽致。

【教学目标】

语文教学的生命课堂，必须要以学生为主体，更多地关注学生学习时的生命体验历程，以期在此过程中，使得学生的心灵更丰富、更健全。教师要有效引导，注重课堂的动态生成，力争在课堂中让学生产生新的思路、方法。依此，确立本课的三维教学目标如下。

1.知识与能力目标

（1）了解柳永及其词作风格，掌握诗词的诵读技巧。

（2）把握诗词意象、意境，品味作者感情。

（3）掌握常见表现手法，培养诗词鉴赏能力。

2.过程与方法目标

（1）探究学习，正确理解词作内容及情感。

（2）合作讨论，引导学生鉴赏词作写作手法，感受艺术效果。

3.情感、态度与价值观目标

感受古人纯美爱情，体味重情的伤离别。

【教学重点】

1.把握意象，品味意境。

2.体味词作情景交融、虚实结合的艺术特色。

【教学难点】

1.意境的赏析与感受。

2.艺术特色的理解与运用。

【课时安排】

1课时。

【教学进程】

一、离作重温，氛围创设

1.师生共同回顾、背诵学过的关于离别的佳作。

2.交流：面对多情的风流才子柳永，你能否设想他和心爱的恋人分别之际，会有怎样一番表现呢？

设计意图

此环节重在温习相关离别诗的基础上，激发学生的学习兴趣，调动学生主观能动性，为下面自主、合作学习打下基础。

课下的预习，让学生对柳永其人有了一定的了解。此番课前思维上的“发散驰骋”正是对“六步三阶段”中第一阶段中的“注意与预期”“激活原知识”的生成预设。

二、词作感知

1.课前学案落实情况检查，学生展示预习成果。（词、作家作品等相关文学常识）

2.配乐诵读、教师范读、学生自读相结合，教师给予方法指导点拨。

3.问题思考：感受词中描绘的离别情景，赏析词的上下片写景特色；分析词作的意境，把握感情。

设计意图

1.学案的设计，主要是为学生课前学习设定范围，以达到对教学重点有的放矢的训练。这是生命课堂形式的另一种体现，学生要让自己的生命个体在课前就具备活力和张力，真正实现教学的认识过程向特殊的认知过程的转变。

2.语文教学要充分注重对文本的“涵泳”。反复的诵读，既是用心感受词作离情和意蕴的过程，又是学生主动建构文本意义的帮助者和促进者。

3. 此过程充分践行了“六步三阶段”中第一阶段的“选择性知觉”“新信息进入原有命题网络”，为下一阶段的学习作好铺垫。

三、词作研读

1. 同是作别，柳永是如何表达自己浓重的离情别绪的？你能否根据词中相关词句，为大家勾勒出离别前、离别时、离别后的或实或虚的相关画面？

2. 国画中的术语“点染”是如何在本词中体现的？

3. 文中情和景是如何做到有机交融的？

4. 教师小结，当堂背诵。

设计意图

1. 对教学重点和难点的突破和解决在本环节预设完成。合作学习，深挖作品内涵，既有利于学生正确掌握诗词鉴赏的方法，又在条分缕析的问题中使之获得审美体验。这是一个体现学生主体地位的环节，更是教师主导是否“导”得到位的能力。

2. 学生在语文活动中要有体验、欣赏、评价、表现和创造的能力和品质。这个环节是学生学习主体显示“功力”的平台，更是情感态度价值观及自我养成意识建构的重要环节。

3. 完成“六步三阶段”第二阶段中“认知结构的重建与改组（知识转化为技能）”这一步。

四、迁移应用

1. 选取《雨霖铃》中的典型意象，把这首词改写成现代诗歌。

2. 我写我心：作为读者，学完柳永的这首词，你有何感受？或点评词作，或慰藉词人，请选用任一词牌，完成你的创作。（以上应用二选其一进行，最好能运用本词所学表现手法）

3. 词作展示，师生共同点评。

设计意图

1. 学生主体学习经验的提升和积累是提高自主学习能力的重要途径，教师要通过适当的练习，择机把学生的基本学习能力（认知、记忆和理解）拔升为创新、探究能力。

2. 完成“六步三阶段”第三阶段中“技能在新的情境中应用”这一步。

五、课堂作业

用本课所学赏析词作的方法，自主学习柳永的另一首表现刻骨铭心的相思相恋的词作《蝶恋花》，并写下300字的鉴赏短文。

六、板书设计

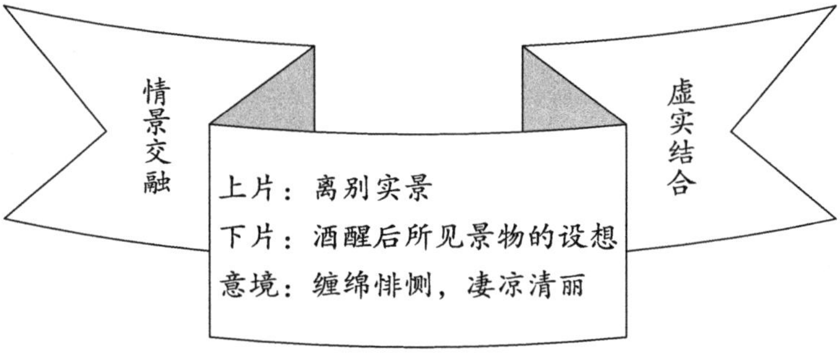

设计意图

力求通过板书，让学习个体对本课的教学重难点一目了然，既清晰提炼诗词主要内容，又完成“六步三阶段”第三阶段中第三阶段中的“根据线索提取知识”这一步。

（本文作者：天津市第五十一中学　贾立双）

（指导教师：孙宏）

《扬州慢》教学设计

【文本分析】

这首词抒发了词人在金兵铁骑再次蹂躏扬州后故地重游时的黍离之悲。全词以眼中悲景为线索，用对比、用典、虚实结合、借景抒情等手法，描写了金兵劫掠后扬州的衰败景象，反映了作者悲愤凄凉的心境，其中的“二十四桥仍在，波心荡，冷月无声”被誉为千古名句。

本词是选修《古代诗歌散文》第二单元的一篇推荐作品。本单元的教学重点是通过对古典诗歌中意象的把握，发挥想象，体会和品味中国古典诗歌中的意境美。《扬州慢》此调为宋代词人姜夔所创制，可见作者用心良苦，此情此景，不是故词原曲所能表达。

【教学目标】

依据课题的要旨，语文课程必须根据语文学科特点，结合学生自身发展需要，关注并激发的主动意识和进取精神，倡导自主、合作、探究的学习方式，鉴于以上内容，设计教学目标和教学重难点如下。

1.知识与能力目标

（1）把握意象，体会意境。

（2）以读带析，感受情感。

（3）融情入景，虚实相济的艺术特色。

2.过程与方法目标

（1）反复诵读，体会情感。

（2）理解词中意象，领会词人的艺术风格。

（3）理解文句，分析意境，提高学生鉴赏能力。

3.情感、态度与价值观目标

兵燹之祸如在眼前，在诵读中体会黍离之悲，培养学生爱国情怀。

【教学重点】

1.反复诵读，体会情感。

2.把握意象，体会意境。

【教学难点】

1.融情入景，虚实相济的艺术特色。

2.通过理解文句，分析意境，提高学生鉴赏能力。

【课时安排】

1课时。

【教学进程】

一、闲话不闲，激疑引趣

1.课前5分钟的展示环节，由学生介绍“地名的前世今生”，从“兰陵美酒夜光杯”变成“枣庄美酒”，从“持节云中”变成“持节托克托”，引出“广陵”就是“扬州”。由地名变化引出词题，激发兴趣，创设情境。

2.与学生进行交流：“今天咱们要去的扬州，古代的名字叫广陵，说到广陵，你能想到什么？”在学生对旧知识的回顾中，教师小结。

设计意图

结合学科特点，为课堂营造一种古典、雅致、轻松、快乐的氛围，并为学生走进文本，为后面的情感翻转埋好伏笔，即完成“六步三阶段”中第一阶段中的“注意与预期”和“激活原知识”这两步。

二、自读，体会语境情感

1.试读：把握语言节奏。

2.听读：学习体会情感。

3.交流：品味语言魅力。

初步理解分何情—何景—何人三部分

（1）何情？——通过小序，推断情感：何谓“黍离之悲”？

（2）何景？——小组探究讨论：你认为最能表现“黍离之悲”的句子是哪一句？

方法指导上，先寻事物，再找情感，再把情感投射到事物中，形成画面，再赏析画面，融情于景，用想象和描写把物象升华成意境。完成课文重点突破。

重点赏析“过春风十里，尽荠麦青青”“二十四桥仍在，波心荡，冷月无声”“念桥边红药，年年知，为谁生？”几句。

（3）何人？——下片为何想到杜牧？

4.朗读：融声入画入情。

设计意图

1.词须要反复吟诵才能抵达心灵，通过自读的方式，让学生自主进入文本，整体感知词意，进行学生与文本，学生与教师的对话。把握词意并寻找重点意象意境，从而破解教学重点。

2.引导学生从何情、何景、何人入手进行诗词解读，等于交给学生解读的“金钥匙”，在解读中，学生需要贴近文本，走近作者，感同身受，细致体会，以此达到学生与文本的交融，从而落实过程与方法的初级目标，突出教学重点。

3.完成“六步三阶段”中第一阶段中的“选择性知觉”和“新信息进入原有命题网络”这两步。

三、研读，品意象与意境

1.合作探究词序中所提之“黍离之悲”的深层意蕴。

2.小结：词旨与艺术手法。

设计意图

1. 名句鉴赏是诗词鉴赏的一个重要内容和重要手段。先从语感入手，让学生按自己的感受来说。让学生理解意象与意境的关系：意境由意象组成。而意境制约着其中的每一个意象。一个成功意境中的诸意象几乎是无可置换的。

2. 激发学生探究意识，引导学生在诗词文字的细缝中咀嚼作者的深藏的情感态度，活化文字，形成画面，调动想象力，把文字画面化，进而把画面语言化，再把语言诗化。以解诗词得诗词，从而落实过程与方法目标，突破教学难点。

四、悦读，学习语言表达

1.致敬姜夔。在理解把握词的精髓后，自创小诗，来解诗词真味。根据学生层次不同，可以选择适合自己难度的作品完成 。

春风十里（空），（ ）（ ）

废池乔木（恨），（ ）（ ）

桥边红药（愁），（ ）（ ）

难赋空城（忧）。（ ）（ ）

2.小结。

设计意图

1.根据诗词内容进行唱和活动，体现语文课程的实践性，使学生的情感得到升华，在语文学科中进行情感、态度和价值观的渗透工作。

2.进行分层教学，使教学更有效。

3.完成“六步三阶段”中第三阶段中的“技能在新情境中的应用”这一步。

五、拓展作业

将此词改写成现代诗，进一步体会作者的家国情怀。

六、板书设计

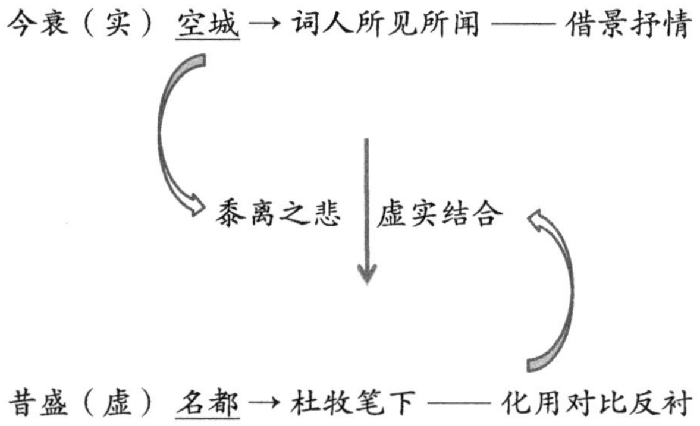

设计意图

板书设计是教学设计中的重要一环，通过板书设计来完成“六步三阶段”中的第三阶段“根据线索提取知识”这一步。

（本文作者：天津市第八中学　魏锐）

（指导教师：孙爱霞）

《虞美人》教学设计

【文本分析】

《虞美人》是李煜的代表作，也是唐宋词中的名篇，入选高中语文选修教材《中国古代诗歌散文欣赏》。词中吟咏感叹自己的身世和遭遇，诉说自己的悲剧命运和人生的愁恨，情不自禁地追怀往昔，怀念故国，不加掩饰地表达了其深切的亡国之痛。

一个处于刀俎之上的亡国之君，竟然如此大胆地抒发亡国之恨，是罕见的。李煜词这种纯真感情的全心倾注，大概就是王国维所说的“赤字之心”的“天真之词”吧。这种特色即是法国作家缪塞所总结“最美的诗歌是最绝望的诗歌，有些不朽的篇章是纯粹的眼泪”。

【教学目标】

1.知识与能力目标

（1）介绍简单的词牌、平仄、押韵等声律知识。

（2）学习体会从意象切入解读作品情感内涵的方法。

（3）学习体会将抽象的概念化为可感形象的手法。

2.过程与方法目标

“因声求气”，以朗读为主线，为学生创设解读文本的情境，感受作者投射在词中的浓厚的愁情。以绝命词为切入点，设计主问题，引导学生进行小组学习合作探究，缘着意象，品味意境，体会李煜的汹涌难遏的亡国之恨、故国之思。

3.情感、态度和价值观目标

（1）借李煜词作了解其怀抱“赤子之心”作“天真之词”，体会其亡国之恨、故国之思。

（2）感悟人的自由和尊严高于物质享受的道理。

【教学重点】

1.因声求气，以朗读为主线，为学习主体创设解读文本的情境，使学生感受作者投射在词中的浓厚感情。

2.合作探究，从意象切入的方法解读全词的情感内涵，品评全词的艺术手法。

【教学难点】

感知全词的“声情合一”的特点。

【课时安排】

1课时。

【教学进程】

一、谈论古今，激趣入境

“我国文学史上有一种现象叫‑穷而后工‑。意思是说处境艰难反而能激发人创作出更好的文学作品。这样的典型例子有哪些？”在学生们的畅所欲言中，教师小结。

设计意图

提出规律，思考事例。由宏观概括到微观诠释，使学生聚焦古今，从历史伟人的人生经历中，了解伟大的作品往往产生于苦难之中，同时，自然地进入对李煜经历的唤醒。即完成“六步三阶段”中第一阶段中的“注意与预期”和“激活原知识”这两步。

二、因声求气，导引体验

（一）导引体验

《虞美人》为词牌名，看到此词牌让我们想到谁的故事？由此推想此词牌的感情基调如何？而李煜的《虞美人》背后亦有一个惊心动魄的故事，幻灯片打出李煜绝命词的故事。以此故事为切入点，提出合作探究的两个问题。

合作探究问题：

1.李煜角度——从李煜的身份考虑，应该怎样朗读本词？本词抒发的是何情感？关键词为什么？怎样抒发此情感？

2.宋太宗角度——从宋太宗的身份应该怎样朗读本词？你认为词中哪些

用语会引发宋太宗的杀机？

（二）因声求气

小组任选一个角度，角色带入朗读，品味词句，解决相关的探究问题。

确定基调：爱的感情“气徐声柔”；憎的感情“气足声硬”；悲的感情“气沉声缓”；喜的感情“气满声高”；惧的感情“气提声凝”；欲的感情“气多声放”；急的感情“气短声促”；冷的感情“气少声平”；怒的感情“气粗声重”；疑的感情“气细声粘”。

设计意图

1.认识词牌及其基本感情基调，由此引出李煜的《虞美人》背后绝命词的故事，可以吸引学生，唤起兴趣，从绝命词切入，设计出主问题，避免枝蔓，引导和把握课堂的节奏和脉搏。

2.因声求气，历来是诗词教学的经典手法。在鼓励学生尝试从不同身份运用不同语气朗读体会的同时，给出必要的朗读指导，避免了朗读的随意性，使学生的朗读方式有本可依，有章可循。

3.合作探究的问题由朗读、涵泳开始，品味重点意象的深层内涵，品读言外之意。鼓励学生大胆设想，但以文本为根，进行合理推测和有理的分析阐释，培养学生的探究研读能力，落实过程与方法目标，从而突出教学重点。

4.此过程即实现“六步三阶段”中第一阶段中的“选择性知觉”和“新信息进入原有命题网络”这两步。

三、自我体悟，品评鉴赏

“你最喜欢本词的哪一句，好在何处？有没有与之异曲同工之妙的诗句？”

设计意图

1.教学使学生认真品读好句，尤其是名句的欣赏。这是实现培养学生语文核心素养中的审美这一层面的具体操作方法。

2 .引导学生自主思考，适时点拨，鼓励学生探究文辞美背后的手法之美。同时思考和整理此种手法使用的句子，即是完成“六步三阶段”中第二阶段中的“认知结构的重建与改组”这一步。

四、运用借鉴，能力迁移

仿照下面示例，从下列三则公益广告中任选一则，进行赏析。

广告：诚信——人生的通行证。

赏析：运用比喻。化抽象为形象，本来无形的东西变得具体、可感。通行证。是人畅通无阻的重要凭证，与每个人的工作、生活息息相关。把诚信比作人生的通行证，突显其重要意义，揭示没有诚信，人将寸步难行的道理。语言精练，简明生动。

（1）校园公益广告：我的形象全在你的举手投足之间。(墙壁寄语)

（2）交通公益广告：司机一杯酒，亲人两行泪。

（3）环保公益广告：是先有鸟，还是先有蛋，你不知道，我不知道，只有鸟知道；是鸟先消失，还是蛋先消失，你知道，我知道，只有鸟不知道。

设计意图

由课内重点的手法延伸赏析，在生活中的再现和运用，变古典为时尚，贴合生活，很好地体现了“语文即生活”的大语文观。完成“六步三阶段”中第三阶段中的“技能在新情境中的应用”这一步。

五、拓展延伸，对比阅读

阅读李煜的《浣溪沙》和《玉楼春》，感知其前期词内容及风格，与《虞美人》作对比阅读。

设计意图

此环节完整诗人的人生经历，使学生进一步体会李煜的“穷而后工”，理解“话到沧桑语始工”。

（本文作者：天津市海河中学　骆艳）

（指导教师：王春红）

《答谢中书书》教学设计

【文本分析】

《答谢中书书》是一篇描写自然山水的优秀短文，作者抓住景物特征来写，注意到在不同时间内（晨昏、四季）景物的变化，并且情景交融。只有通过反复朗读才能进入情景交融的境界，深入体会作者欣赏山水之美的自豪感。

【教学目标】

依据课题的要旨，语文课程必须根据学生身心发展和语文学习的特点，充分激发学生的主动意识和进取精神，倡导自主、合作、探究的学习方式。

文言文中的文与言的结合是古文教学的一大难点，结合八年级学生的学情特点，注重文言的朗读和基础知识的落实。在理解文意的基础上，必须先让学生熟读课文，通过多次读，体会语言之美和山水之美。读后，教师引导学生根据注释和工具书理解文意，同桌间互相合作、互相解疑。让课堂真正做到了“以学定教”。故确立本课的三维教学目标如下。

1.知识与能力目标

（1）学生能准确理解课文下注的词语，弄清词句含义，正确、流利、有感情地朗读并背诵诗歌。

（2）把握文章的修辞手法，学习描写景物的写作方法，引导学生从不同角度分析、理解、欣赏诗歌的意境，提高学生品德修养和审美情趣。

（3）在自主合作探究中，培养学生热爱大自然、热爱生活的美好感情。

2.过程与方法目标

在自主合作探究中展开学生与文本、学生与学生、学生与教师、学生与作者的对话。

3.情感、态度与价值观目标

培养学生热爱大自然、热爱生活的美好感情。

【教学重点】

教师通过自主、合作探讨等方式，引导学生从不同角度分析、理解、欣赏作品意境，体会文中蕴含的思想感情。

【教学难点】

发挥学生的语言创造力，表达心中之美。

【课时安排】

1课时。

【教学进程】

一、情景导入，情感铺垫

导语：同学们，你们觉得我们周围的一切美吗？也许你忙于繁重的学业无暇欣赏，但当你抬头远望窗外的一瞬间，你会感到窗外的一切是那样美好。天的晴朗，地的广袤，山的挺拔，树的葱茏，鸟的飞翔……无不让你心旷神怡。（图片演示）莽莽神州，高山大岳，千流百川，那神奇如画的风光无不让人心动神摇，今天我们学习的《答谢中书书》就是一幅怡神悦性的山水画轴，让我们一同去欣赏。

设计意图

结合学情特点，此设计帮助同学们在头脑中再现大自然的美景，设计一个良好的教学环境，为课文教学作情感铺垫。即完成“六步三阶段”中第一阶段中的“注意与预期”和“激活原知识”这两步。

二、朗读——感受文章的节奏音韵之美

1.学生通过视、听觉的角度用心聆听录音范读。

2.分男女小组竞争式朗读课文，对方加以评价，老师点评。

3.老师范读课文，学生聆听。

4.学生齐读课文。

设计意图

1.学生通过朗读的方式，自主进入文本，整体感知文章，展开学生与文本、学生与教师的对话。把握文章的内容和结构之美，从而突出教学重点。

2.引导学生朗读，进入语言的“藕花深处”，展开学生与文本、学生与学生、学生与教师的对话。为学生搭建展示学习成果的平台，力求于师生对话中有所生成。于交流中使文章的语言美自然得以彰显。从而，落实过程与方法目标，突出教学重点。

3.完成“六步三阶段”中第一阶段中的“选择性知觉”和“新信息进入原有命题网络”这两步。

三、自主译文——感受文章的画面之美

1.小组合作探讨，自主译文。

2.学生独立思考文章的结构特点。

四、品析表达——感受文章的意境之美

1.学生带着美去寻找美

赏析时，重点抓住“晓雾将歇，猿鸟乱鸣；夕日欲颓，沉鳞竞跃”句中的“乱”字加以换字分析，让学生进一步体会“乱”字，“乱”字写出了山川的早晨万物充满了勃勃生机的景象。从而让学生明白作者沉醉于山水的愉悦之情、与古今山水知音共赏美景的得意之感。

2.带着美去升华美

（1）教师引导学生概括文中景色之美，思考作者是怎样描绘秀美的山川景色的？

（2）教师引导学生思考文章表达作者怎样的情怀。

讨论并归纳：句式上多采用四字短句，运用对偶排比的手法，语言精练生动，将描绘的江南山水之美写得清丽自然，毫无堆砌雕琢的弊病。

设计意图

1.引导学生进一步深入文本，踏上与作者心灵对话的通幽曲径。

2.让学生注意字词翻译时，要与文章所表达的意境相吻合，这样才确切自然。让学生学会用确切词语，优美的语言来表达自己愉悦的美好景色。

3.完成“六步三阶段”中第二阶段中的“认知结构的重建与改组（知识转化为能力）”这步。

五、拓展提升——表达心中之美

诵读课文，读出心中之美。拓展练习，表达心中之美。将“晓雾将歇，猿

鸟乱鸣；夕日欲颓，沉鳞竞跃”拓展成一段优美的景物描写，注意展开联想和想象，100字左右。

设计意图

1.根据课文的内容进行读写活动，体现语文课程的实践性，并使学生的情感得到升华，在语文学科教学中渗透情感、态度与价值观目标。

2.完成“六步三阶段”中第三阶段中的“技能在新情境中的应用”这一步。

六、拓展作业

美与我们近在咫尺，我们要有双发现的眼睛。在生活中选一景物，抓住景物特点写一段200字的小文，把它的美跃现纸上。

七、板书设计

《答谢中书书》

陶弘景

- 答谢中书书
  - 总引——山川之美古来共谈
  - 写景
    - 四季常景
      - 仰视——高峰如云
      - 俯视——清流见底
      - 平视——两岸石壁　青林翠竹
    - 晨昏之景
      - 晓雾——猿鸣
      - 夕日——沉鳞
  - 抒怀——欲界之仙都

设计意图

通过板书来完成“六步三阶段”中第三阶段中的“根据线索提取知识”这一步。

（本文作者：天津市第四十二中学　刘娟）

（指导教师：凌贵杰）

《小石潭记》教学设计

【文本分析】

柳宗元于唐顺宗永贞元年被贬为永州司马后，寄情山水，共写了八篇游记。这八篇游记，史称“永州八记”。《小石潭记》是《至小丘西小石潭记》的简称，是“永州八记”中的第四篇，在游历程序上与前三篇相衔接，在写景状物上更加精妙，在表达自己内心情感时也更加曲折含蓄。

这篇散文生动描写了小石潭周围环境的静谧和幽美，抒发了作者贬官失意后的孤凄悲凉之情。

【教学目标】

能正确朗读课文，疏通文义，积累常用文言实词和虚词，提高阅读文言文能力。学习对景物入微的观察，并抓住特点写景，借景抒情以及移步换景的写法。理解作者在贬居生活中孤独悲凉的心境，品味文中的乐悲之情。

1.知识与能力目标

（1）落实字词，疏通文意，积累文言词，掌握课文的写作顺序。

（2）培养学生观察能力，学会多种描写景物的技巧。

2.过程与方法目标

加强朗读，通过朗读领会作品写景的手法及表达的思想感情。

3.情感、态度与价值观目标

（1）体会小石潭优美的景色，培养审美情趣。

（2）把握作者的感情变化。

【教学重点】

1.文言实、虚词的积累。

2.学习移步换景和抓住景物特点写景以及情景交融的写法。

【教学难点】

作者感情流露含蓄，理解文中的乐与忧是本文教学的难点。

【课时安排】

3课时。

【教学进程】

一、导入

由“唐宋八大家”中的“韩柳”导入。

关于柳宗元和“永州八记”。柳宗元（773—819），字子厚，河东解人，世称柳河东。贞元九年（793）中进士，十四年又考取博学鸿词科，先后任集贤殿正字、蓝田县尉和监察御史里行（见习御史）。因参加王叔文的革新集团被贬为永州司马。元和十年（815），43岁的他被召回长安，但很快又被派到柳州当刺史。三年后病死在柳州。后人又称他为柳柳州。

永州在当时是相当荒僻落后的地区。柳宗元在永州整整过了十年的放逐生活，虽然被剥夺了从事政治活动的权利，但使他有机会直接了解人民痛苦的生活，进一步认识黑暗的社会现实，潜心致力于文学创作。他的主要作品基本上是在被贬后，特别是在永州时期产生的。

柳宗元和韩愈都是唐代古文运动的倡导者和奠基人，并称“韩柳”。柳宗元的散文成就表现在很多方面，山水游记是其中的主要部分。其中的“永州八记”（《始得西山宴游记》《钴鉧潭记》《钴鉧潭西小丘记》《至小丘西小石潭记》《袁家渴记》《石渠记》《石涧记》《小石城山记》）更是山水散文中的珍品。这些作品语言精巧，观察细致，展示了永州附近一幅幅山水胜景。文中常描写幽深孤寂的境界，寄托了他在苦闷中的精神追求。他的游记多二三百短篇，笔法简洁，描写细腻。明代茅坤称赞说“夫古之善记山水，莫如柳子厚”。

“记”是古代的一种文体，主要是记载事物，往往通过记事、记物、写景、记人来抒发作者的感情或 见解，即景抒情，托物言志。

设计意图

结合学情特点，以了解作者生平资料，为学生走进文本作好铺垫。即完成“六步三阶段”中第一阶段中的“注意与预期”和“激活原知识”这两步。

二、研读课文

引导学生借助注释和工具书读懂文言文，培养学生自读浅易文言文的能力。

1. 听配乐朗诵《小石潭记》，注意字音

篁（huáng）竹清冽（liè） 坻（chí） 嵁（kān） 佁（yǐ）
俶（chù） 翕（xī） 差（cī） 怆（chuàng） 邃（suì）

2. 根据书下注释对全文进行文意的疏通

要求：翻译文章时要做到“对号入座”，翻译时要注意翻译的方法，即留、补、换、删、调、贯。

3. 齐读课文，把握文章各自然段大意

讨论1：请用最简洁的语言归纳出段落大意。

第一段写发现小石潭的经过和潭的概貌；第二段写潭中游鱼的情趣；第三段写潭的水源；第四段写潭的景色给人的感觉；第五段交代同游人的姓名。

讨论2：怎样理解文章中的最后一自然段的叙述？

本文是古代山水游记的一种格式。“记”是古代的一种文体，主要是记载事物，往往通过记事、记物、写景、记人来抒发作者的感情或见解，即景抒情，托物言志。

设计意图

自读的方式。八年级的学生已经基本具备借助工具书及课内注释读懂文言文，自主进入文本阅读，整体感知文章，展开学生与文本、学生与教师的对话。完成“六步三阶段”中第一阶段中的“选择性知觉”和“新信息进入原有命题网络”这两步。

三、品味《小石潭记》，体会文章写景抒情的方法

提问：文章是按照怎样的顺序安排结构的？

课文是按游览的顺序来写，条理清楚：发现小潭——潭中景物——小潭源流——潭中气氛。

提问：作者是怎样发现小石潭的？

“隔篁竹，闻水声，如鸣佩环。”“伐竹取道，下见小潭，水尤清冽。”

提问：小石潭的全貌是怎样的？（用课文中的语句）

“全石以为底，近岸，卷石底以出，为坻，为屿，为嵁，为岩。”

提问：作者是怎样描写潭上四周的景物的？

“青树翠蔓，蒙络摇缀，参差披拂。”

提问：这一段采用了怎样的写景方法？

移步换景的写法，在移动变换中引导我们看到不同的景物，很像一部山水风光影片，具有极强的动态的画面感。

齐读第一自然段。

提问：表现“游鱼”的“动”与“静”的句子有哪些？运用了哪些手法？

游鱼的“佁然不动”及“俶而远逝”表现了鱼儿的生动活泼。写鱼时运用的是对比的方法，静动相对，尤显出鱼的活泼；作者用反衬的手法，写“潭中鱼可百许头，皆若空游无所依。”尤使水清之状具有实感。这一段既写了鱼，又写了水；明写了自由自在的游鱼，暗写了清澈透明的潭水。

提问：这一自然段采用了怎样的写景方法？

这段采用了“定点特写”的写法，只用四十个字就活灵活现地描写了潭水中游鱼的美景。

齐读第二自然段。

提问：文中第三段，介绍了潭水的源流，作者也写出了潭水的“静”与“动”，请找出来相对应的句子。

小溪。就溪身来说“斗折”是静止的；就溪水说“蛇行”是流动的。用两个比喻，一静一动来描写小溪。

提问：这篇游记是作者被贬为永州司马时所写，因为被贬谪，作者的心情常常是忧伤悲凉，欲求解脱却又无法解脱。这种情感，从文中哪句可以看得出来？

“寂寥无人，凄神寒骨，悄怆幽邃。”作者把自己的心情和小石潭的环境结合起来，先写了观鱼时的“似与游者相乐”，这远离尘世的充满生机的小石潭，却无人赏识，四周被竹环绕，其幽深无闻与自己的遭遇相同，为了摆脱忧郁的心情，他寄情于山水，而此刻过于清冷的环境更激起他“凄神寒骨，悄怆幽邃”的情感。小石潭景物的幽清美与作者心境的凄清美形成了强烈的对比，有力地反衬出作者那种无法摆脱的压抑心情，也含蓄地表露出作者对冷酷现实的不满。

设计意图

引导学生进一步深入文本，激发学生的探究兴趣，引导学生依托于语言的品评，探究作者于文中表现出的心情变化以及含蓄流露的心境。从而，落实过程与方法目标，突破教学难点。完成“六步三阶段”中第二阶段中的“认知结构的重建与改组（知识转化为能力）”这一步。

四、总结归纳

1. 中心思想

本文描绘了小石潭的石、水、游鱼、树木，着意渲染了寂寥无人、凄神寒骨、悄怆幽邃的气氛，抒发了自己谪居生活的苦闷、抑郁忧伤的情感。

2. 写作特点

（1）本文按游览的先后顺序来描写景物。在描写中采用“移步换景”“定点特写”的写景方法，引人入胜。

（2）本文善于抓住景物的特点，生动细致地加以描画。文中运用了比喻、拟 人等修辞方法；运用了对比、反衬等手法，突出了小石潭的美景。

（3）寓情于景，以景写情的表现手法。

设计意图

根据课文的内容进行讨论，培养学生文言文的自主理解和欣赏能力。

山水游记作为一种文学体裁，到柳宗元才真正确立，“永州八记”又是柳宗元山水游记中最杰出的代表，在语文学科教学中渗透情感、态度与价值观目标。完成“六步三阶段”中第三阶段中的“技能在新情境中的应用”这一步。

五、拓展作业

柳宗元的山水游记上承郦道元《水经注》的成就，而又有突破性的发展。明代文学家茅坤说：“夫古之善记山川，莫如柳子厚。”课外阅读“永州八记”中的其他作品，如《始得西山宴游记》《钴鉧潭西小丘记》等，体会柳宗元山水游记的特色。也可以阅读后世的游记作品，如袁宏道《满井游记》、袁枚《峡江寺飞泉亭记》、姚鼐《登泰山记》等，体会其与柳宗元文章风格的不同之处。

六、板书设计

小石潭记　柳宗元

顺序	景物	写法	抒情
发现小潭：	隔、闻、伐、取、见	【移步换景】	抒发在寂寞处境中的悲凉、凄苦的感情
潭中景物：	潭水：清澄（侧面） 游鱼：（动静）	【特写镜头】	
小潭溪流：	溪身：曲折蜿蜒 岸势：参差不齐	【形象比喻】	
潭中气氛：	幽深冷寞	【寓情于景】	

设计意图

板书设计也是本课力求打造的一个亮点。同时通过板书来完成“六步三阶段”中第三阶段中的“根据线索提取知识”这步。

（本文作者：天津市第二南开中学　谭锦青）

（指导教师：杨晓冬）

《邹忌讽齐王纳谏》教学设计

【文本分析】

《邹忌讽齐王纳谏》是一篇以对话为主，既具故事性又具论辩性的文言文。本文文字并不深奥，学生可以借助注释和已学的文言文知识，自行翻译。

本文写的是战国初期齐威王接受邹忌的劝谏而采纳群言，终于使齐国大治的故事，塑造了邹忌这样一个有自知之明，善于思考，勇于进谏，善于进谏的贤士形象，也表现了齐威王知错就改的特点。

采用类比的方式说理是本文显著的特点，邹忌是以自身经历来和齐王进行类比的。邹忌讽谏齐王时，先从自家的趣事侃侃而谈，通过三比，顺理成章地推出了“王之蔽甚矣“的结论，这种由近到远，由小到大，由生活琐事推及国家大事的类比进谏，就不能不让齐王欣然领悟，从而接受群言，而使齐王大治了。

【教学目标】

本节课教学设计的指导思想是以读代讲，板块推进。三个板块是：初读文本，释词解题；精读文本，突破类比；延伸类比，激情创造。

本节课试图探寻新课程背景下文言文教学改革之路，努力体现文言文的教学价值，以期提高文言文的教学效益。故确立文本课的三维教学目标如下。

1.知识与能力目标

掌握文中一些文言实词、虚词和特殊的文言句式。

2.过程与方法目标

领会并学会运用文中类比推理和比喻说理的方法。

3.情感、态度与价值观目标

体会“讽谏”的妙处，认识纳谏的历史意义和现实意义。

【教学重难点】

1.文言常识。

2.对类比推理和比喻说理方法的领会和运用。

【课时安排】

1课时。

【教学进程】

一、情境导入，激发共鸣

1.用心聆听，同老师一起走进课堂。

2.与同学们交流一个话题：俗话说，良药苦口利于病，忠言逆耳利于行。那么，在我们已经学过的文言文或者接触过的历史故事中，有没有一些人物在向君主进谏的时候，虽然忠言，但并不逆耳呢？在学生的畅所欲言中，教师小结：这节课，我想和同学们来共同领略一个臣子向君王进谏忠言，而君王并不觉得逆耳的故事。

设计意图

结合学情特点，调动学生情绪，为课文学习营造轻松、愉悦的氛围。并为学生开始课文学习做好铺垫。即完成“六步三阶段”中第一阶段中的“注意与预期”和“激活原知识”这两步。

二、初读课文，释词解题

1.检查预习，释词解题。

2.学生自读文章。边思考问题边圈点勾画相关信息：在文章的第三自然段，有没有和“三”相关的内容？

3.交流：学生积极踊跃回答问题，找出与“三”相关的：“三赏”“三变”与第四自然段的“四国朝齐”。之后由学生根据课前准备口述补充齐王资料。

设计意图

1.释词解题，为课文学习做准备。

2.打破了老师提问学生回答的常规教学模式，展示大面积的学生活动，充分发挥了学生学习的自主性。

3.引导学生从文章局部进行自主阅读，为学生搭建展示学习成果的平台，于交流中使文言文的语言特点得以彰显。从而，落实过程与方法目标，突出教学重点。

4.完成“六步三阶段”中第一阶段中的“选择性知觉”和“新信息进入原有命题网络”这两步。

三、精读文本，突破类比

1.解读“齐王纳谏”

（1）邹忌是用什么方式比美的？

（2）有问必有答。朗读分析妻、妾、客回答的语气及目的。

2.解读“纳谏原因”

（1）邹忌在讽谏之前肯定做好了充分的准备，那么，他是打算如何讽谏齐王呢？他先说了什么？接着又说了什么？最后得出什么结论？

（2）如果没有“三问”“三答”，便没有邹忌的三思；如果邹忌不拿自己与齐王进行三比，齐王也不会三赏谏臣，齐国也就不会发生三变，就不会有“四国朝齐”的辉煌局面。那么，邹忌究竟使用什么样的讽谏方法让齐王开张圣听，从谏如流的呢？预设：两件相似的事情作对比，叫作类比，邹忌以自己类比齐王，妻子、小妾、客人类比宫妇、大臣、四境之内。

设计意图

1.师生合作朗读，有利于学生理解齐王从谏如流，四国朝齐的辉煌局面。

2.激发学生的探究意识，引导学生在品味语言的基础上体味进谏背后的语言魅力，鼓励学生发表自己对此问题的独特见解，落实过程与方法目标，突破教学重难点。

3.完成“六步三阶段”中第二阶段的“认知结构的重建与改组”（知识转化为能力）”这一步。

四、延伸类比，激情创造

1.将类比的思维方式运用到日常生活中，让自己的语言更富艺术感染力。教师出两个情景题，让大家尝试着学以致用。

2.结语。

设计意图

1.收束课堂教学，学习运用类比的方法到日常生活中，体现语文课程的实践性，完成设定的教学目标。

2.完成“六步三阶段”中第三阶段中的“技能在新情境中的应用”这一步。

五、拓展作业

阅读《邹忌讽齐王纳谏》，进一步体会邹忌的语言艺术。

六、板书设计

邹忌讽齐王纳谏

小	讽谏原因	三问		三答		三思	四
见	邹忌讽谏			三比			国
大	齐王纳谏		三赏		三变		朝
							齐

设计意图

板书设计也是本课的一个亮点，通过板书设计让学生一目了然地了解邹忌的讽谏艺术，同时通过板书来完成“六步三阶段”中第三阶段中的“根据线索提取知识”这一步。

（本文作者：天津市武清区杨村八中　杜倩）

（指导教师：曹海红）

《读诗要“无微不至”》教学设计

【文本分析】

本节课选取了几首具有关联性、故事性的古诗分别用于示例和练习。标题部分选取的《近试上张水部》极具趣味性、典型性，理解后有恍然大悟之感，从而激发学生的鉴赏兴趣。创作了《东坡》的苏轼，其生平之跌宕坎坷更是能集中体现“知人论世”对理解古诗的重要作用。谢枋得的《庆庵寺桃花》的注释是通往诗人内心的必由之路。以上古诗通过“标题”“作者”“注释”这些细节强调了细致地鉴赏对理解诗歌内涵具有不可估量的作用。这些典型文本，是中国古典诗词中的瑰宝，堪称古诗扛鼎之作。

【教学目标】

1.知识与技能目标

引导学生关注诗句之外的细节，通过掌握细节去理解诗歌的方法。

2.过程与方法目标

通过标题、作者、注释所给予的暗示，更好地理解诗歌内涵，体会诗歌所表达的情感。

3.情感态度价值观目标

培养学生阅读古诗的兴趣，提高鉴赏能力及审美能力，激发学生对中国古典文化的热爱。

【教学重点】

通过标题、作者、注释所给予的暗示，更好地理解诗歌内涵。

【教学难点】

体会细节对理解诗歌内涵所起到的难以估量的作用。

【课时】

1课时。

【教学进程】

一、情境导入

利用课前两分钟时间，播放古典诗词朗诵视频，创设古诗欣赏情境。

设计意图

1.营造浪漫、古典的学习氛围，为学生进入古诗欣赏情境做好准备。

2.结合自主预习的内容，完成“六步三阶段”中第一阶段中的“注意与预期”和“激活原知识”这两步。

二、问题探究

（一）品诗题

“离离原上草，一岁一枯荣。野火烧不尽，春风吹又生”题目是什么？结合题目《赋得古原草离别》，我们知道了作者所要表达的情感为离别之情。

赏析诗句：

（题目）

朱庆馀

洞房昨夜停红烛，待晓堂前拜舅姑。

妆罢低声问夫婿，画眉深浅入时无？

学生自主讨论对诗句的理解：

古代风俗，头一天晚上结婚，第二天清早新妇才拜见公婆。此诗描写的重点，乃是她去拜见之前的心理状态。首句写成婚。洞房，这里指新房。停，安置。停红烛，即让红烛点着，通夜不灭。次句写拜见。由于拜见是一件大事，所以她一早就起了床，在红烛光照中装扮，等待天亮，好去堂前行礼。如果得到丈夫和公婆的喜爱，她的地位就稳定了，处境就顺当了，否则，日子就很不好过。这时，她心里不免有点嘀咕，自己的打扮是不是时髦呢？也就是，能不能讨公婆的喜欢呢？因此，后半便接写她基于这种心情而产生的言行。在用心梳好妆、画好眉之后，还是觉得没有把握，只好问一问身边丈夫的意见了。由于是新娘子，当然带点羞涩，而且，这种想法也不好大声说出，让旁人听到，于是这低声一问，便成为极其合情合理的了。这种写法真是精雕细琢、刻画入微。

展示题目：近试上张水部

朱庆馀此诗投赠的对象，是官水部郎中的张籍。张籍当时以擅长文学又乐于提拔后进，与韩愈齐名。朱庆馀平日向他行卷，已经得到他的赏识，临到要考试了，还怕自己的作品不一定符合主考的要求，因此以新妇自比，以新郎比张，以公婆比主考，写下了这首诗，征求张籍的意见。

（干谒诗）科举考试之前，向张籍征求意见，表现自己忐忑不安的心情。

（学生总结）通过题目可以了解的信息:《观书有感》把握诗歌内容;《书愤》《闺怨》感知思想情感;《鹧鸪天·送人》《念奴娇·赤壁怀古》确认诗歌题材。

（二）联作者

知人论世：生平遭遇、思想主张、创作方法与风格流派、社会时代。

鉴赏诗歌最好要“知人论诗”，不同的诗人有不同的人生境遇。有不同的人生体验，有不同的志趣与追求，而诗歌是诗人思想情感的外化。因此不同的诗人就会呈现出不同的艺术风格，表现出不同的感情主基调。

赏析诗句：

东坡

雨洗东坡月色清，市人行尽野人行。

莫嫌荦确坡头路，自爱铿然曳杖声。

注：东坡是苏轼在黄州居住与躬耕之所。荦（luò）确：山多大石貌。

学生讨论对诗句的理解：东坡被雨洗刷过后月亮显得格外明亮，市人匆忙走过东坡，只有置身名利圈外的诗人才能享受这胜景。不要嫌弃坡头的路坡大石多凹凸不平。作者独自喜欢用木杖点地时铿然之声。

展示作者：苏轼

东坡是在当时黄州州治黄冈（今属湖北）城东。它并不是什么风景胜地，但对作者来说，是一个灌注了辛勤劳动、结下深厚感情的生活天地。作者被贬官到黄州，弃置闲散，生活困窘。申请下来一片撂荒的旧营地，苏轼加以整治，躬耕其中，这就是东坡。诗人在此不只经营禾稼果木，还筑起居室——雪堂，亲自写了“东坡雪堂”四个大字，自称东坡居士。所以，他对这里是倾注着爱的。

诗人偏偏拈出夜景来写，不是无谓的。唯幽人才有雅事，所以“市人行尽野人行”。这读来极其自然平淡的一句诗，使我们不禁从“市人”身上嗅到一股奔走闹市嚣尘的喧闹气息，又从“野人”身上感受到一股幽人守志僻处而自足于怀的味道，而那自得、自矜之意，尽在不言中。

那大石丛错、凸凹不平的坡头路，就够磨难人的了。然而有什么了不起呢？将拐杖着实地点在上面，铿然一声，便支撑起矫健的步伐，更加精神抖擞地前进了。一个“莫嫌”，一个“自爱”，那以险为乐、视险如夷的豪迈精神，都在这一反一正的强烈感情对比中凸显出来了。这“荦确坡头路”不就是作者脚下坎坷的仕途吗？作者对待仕途挫折，从来就是抱着这种开朗乐观、意气昂扬的态度。这种精神能给人以鼓舞和力量。同一时期，作者有《定风波》词写在风雨中的神态：“莫听穿林打叶声，何妨吟啸且徐行。竹杖芒鞋轻胜马，谁怕？一蓑烟雨任平生。”与此诗可谓异曲同工，拿来对照一读，颇为有趣。

诗人例证：杜甫、辛弃疾、陆游

（三）看注释

诗歌的注释，或是对诗歌的重要词语的解释，或是交代创作的年代、缘由、背景，多为整个作品奠定感情基调，有助于理解诗歌，把握思想情感。

赏析诗句：

庆庵寺桃花

谢枋（fāng）得

寻得桃源好避秦，桃红又是一年春。

花飞莫遣随流水，怕有渔郎来问津。

学生讨论对诗句的理解：

前两句说，当年的桃源人为了避秦之乱，找到这样一个男耕女织的佳地，但他们没有年历记载，只是看到桃花盛开，才知道是新的一年来到了。遣：让。津：渡口。这里进入桃花源的洞口。后两句说，倘若我住在桃花源里，就一定不让桃花瓣落入溪水之中，随水流出，为的是怕再有打渔人见到水中桃花，随水找到洞口进来啊！

展示注释：【注】谢枋得，南宋人，宋亡后，仍以江东提刑、江西招谕使知信州的身份抗击元兵，兵败后潜入山中，隐居达十二年之久，拒不出仕。后被强迫北行，至元都燕京，绝食而死。此诗即写于隐居期间。

处于南宋末年的谢枋得，对当时的现实生活有着较为深刻的体会。统治者花天酒地，过着纸醉金迷的生活，而劳动人民却动荡之中，过着艰辛的日子。诗人见到庆庵寺的桃花盛开，并没有引起他观赏的兴起，而是从桃花源流水，联想到了桃花源这个理想中的地方。诗人由此落笔，驰骋想象，写下了这首带有浪漫主义色彩的绝句。首句从桃花想到陶渊明笔下的桃源，并用一“寻”字写出是“避秦”的好地方。他们长期生活在这里，度过了幸福的年月，无忧无虑，连后来的汉及魏晋这些朝代都不知道，自然更不会知道神州又经过盛唐、两宋这些年代了。他们是如何计算历法呢？“桃红又是一年春”，是靠桃树开花，才知又是一年。虽写的是计算历法的方法，但表达的诗意却远不仅如此，而是进一步形容了这个美妙的绝俗之地。三四两名在，作者又从实景出发，“花飞莫遣随流水，怕有渔郎来问津”。桃花一开，万一随流水出洞口，再有渔人发现怎么办呢？如果我在那里，就决不会让桃花落入水中。诗人发挥丰富的想象，表达对桃源的向往。

设计意图

1.通过典型诗例，帮助学生直观感受诗歌题目、作者、注释对理解诗歌的所起到的重要作用，激发学生阅读兴趣，引发学生的回忆与思考，强化审美体验。

2.落实过程与方法目标，使学生注意相关细节，谨记知人论世，拓展思维宽度与深度。重点完成学生与文本、学生与学生的对话，以趣激智。

3.突破教学重难点，帮助学生鉴赏诗歌，由表面而深层，由细节而全面，由字里行间而深层情感，跨越时空把握诗人灵魂的脉动。

4.完成“六步三阶段”中第一阶段中的“选择性知觉”和“新信息进入原有命题网络”这两步，及第二阶段中的“认知结构的重建与改组（知识转化为能力）”这一步。

三、归纳总结

读诗应“无微不至”：从题目认识对象，从作者了解背景，从注释破解难点。

四、知识反馈

送人归京师[①]

陈与义[②]

门外子规啼未休，山村落日梦悠悠。

故园便是无兵马，犹有归时一段愁。

【注】①京师：指北宋都城汴梁。②陈与义：南宋初年爱国诗人，河南洛阳人。

作者先是描写了门外子规鸟叫个不停，让人真切地感受到诗人强烈的故乡之思，又通过日落时分山村中那幽梦不断的场景的描写，暗示诗人被深重的痛苦困扰。既然只是因为思念故土，而惆怅失意，当然要解除这一烦恼的最好方式是能回一次故乡。但摆在诗人面前的现实是：即便故园没有战火，但国土沦丧，南北分裂，已是亡国奴的诗人就是能回故乡也是颇为犯愁的事。送友归京，触景生情，心生忧国之愁。

设计意图

1.根据新知进入实践，通过自主赏析进入审美体验，感受古典诗词的意蕴，体会诗人深沉的情感，在语文学科教学中渗透情感、态度与价值观目标。

2.由审美体验而审美能力，化新知为实践，引导学生获得独特的经验体会。

3.进一步完成第二阶段中的“认知结构的重建与改组（知识转化为能力）”这步，尝试完成第三阶段中的“根据线索提取知识（技能在新情境中的应用）”。

五、作业布置

对雪[①]

杜甫

战哭多新鬼，愁吟独老翁。
乱云低薄暮，急雪舞回风。
瓢弃樽无绿[②]，炉存火似红。
数州消息断，愁坐正书空[③]。

①本诗写于被安禄山占领下的长安。在写这首诗之前不久，泥古不化的宰相房琯率领唐军在陈陶斜和青坂与安禄山叛军展开车战，大败，死伤几万人。

②葫芦，古人诗文中习称为瓢，通常拿来盛茶酒的。樽，又作尊，似壶而口大，盛酒器。句中以酒的绿色代替酒字。

③“书空”是晋人殷浩的典故，意思是忧愁无聊，用手在空中划着字。

（1）说说你对标题“对雪”的理解。

（2）怎样理解这首诗的主旨。

设计意图

1.在脱离课堂的情境条件下考察学生的自主应用能力，延续课堂学习，拓展学习广度与深度，达到学生自主赏析的目标。

2.引起学生自主阅读赏析古典诗歌的兴趣，激发学生对中国古典文化的热爱。

3.完成第三阶段中的“根据线索提取提取知识（技能在新情境中的应用）”这步。

六、板书设计

“无微不至”
标题把握诗歌内容
感知思想情感
确认诗歌题材
作者知人论世
注释奠定感情基调
帮助理解诗歌
把握思想情感
从题目认识对象，从作者了解背景，从注释破解难点。

设计意图

通过板书带动学生思路，帮助学生提取知识。串联“六步三阶段”中第一阶段中的“选择性知觉”和“新信息进入原有命题网络”这两步，及第二阶段中的“认知结构的重建与改组（知识转化为能力）”这一步，及第三阶段中的“根据线索提取知识”这一步。

（本文作者：天津市第三十二中学　白羽）
（指导教师：毕春红）

应用文

《谈创造性思维》教学设计

【文本分析】

本文是语文九年级上册第五单元中的一篇议论文。本文论述了创造性思维的重要性与创造性思维所必需的关键要素，并指出如何成为一个富有创造力的人。文章层层递进，不断深入阐发，带领读者逐渐走近作品内核，得出结论——任何人都拥有创造力，如何具备几个关键性要素，成为一个富有创造力的人。

议论文是“以理服人”的文章，学生通过议论文的阅读与写作，可以锻炼逻辑思维、培养理性精神，同时掌握分析与批判的方式，初步形成自己对世界的看法以及表达这种看法的手段。正如潘新和教授所说：“议论文的教学是语文教育的最重要的部分，承载了世界观与方法论教育的重任。”本文的意义不仅仅在于通过层层深入的论证引导学生逐渐形成理性思维，更能启发学生在生活中善于观察、勤于思考，不墨守成规，以丰富独特的视角和善于感悟的心灵去发现不一样的精彩，体味多彩的人生。

【教学目标】

1.知识与能力目标

（1）理清行文思路，学习本文层层推进展开论述的说理特点。

（2）依托文本，合理质疑，培养学生在语文学习中的创造性思维。

2.过程与方法目标

学习本文的论证方式，逐步培养学生阅读议论文的能力。

3.情感态度与价值观目标

认识创造性思维在实际生活中的重大意义，鼓励学生做一个具有创造性思维和创造力的人。

【教学重点】

学习本文层层推进展开论述的说理特点。

【教学难点】

合理质疑，培养学生的创造性思维。

【课时安排】

1课时。

【教学进程】

一、慧眼识图，激趣导入

同学们，请观察下列图片，看看有哪些发现？

鸭子 / 兔子

少女 / 老妇

N 张脸

3—6 张：常人；7—10 张：超于常人；11—15 张：天才

角度不同，往往结论也大不相同。常人与天才的区别在于不止步地探索与发现，而新的发现有赖于创造性思维。

设计意图

通过“慧眼识图”环节，充分调动学生积极性，引导学生在活动中体验创造性思维，引发学生关注与思考，创设学习环境。即完成“六步三阶段”中第一阶段中的“注意与预期”这一步。

二、巧思辨题，整体感知

提问：本文的原题为《事物的正确答案不止一个》，现修改为《谈创造性思维》，请结合文章内容，思考题目调整的原因。

讨论后明确：

本文从“事物的正确答案不止一个”说起，着重论述了创造性思维的重要性，点明了创造性思维所必需的关键要素，以及如何成为一个富有创造力的人。为此，作为主要论述内容的“谈创造性思维”作为标题更为恰当。

追问：“事物的正确答案不止一个”与“创造性思维”的形成有着怎样的关系呢？（方法点拨：圈点勾画，立足文本）

讨论后明确：

1.“如果你认为正确答案只有一个的话，当你找到某个答案以后，就会止步不前”。

关系：不满足不止步于一个答案，是形成创造性思维的前提。

2.“寻求第二种答案，或是解决问题的其他路径和新的方法，有赖于创造性的思维”。

关系：创造性思维是寻找其他答案或途径的必要条件。

可见，“事物的正确答案不止一个”与“做一个创造性的人”有着密切的内在联系。“事物的正确答案不止一个”虽然不是本文的论述要旨，但它是本文主要论述话题的缘由、引子。

设计意图

通过“巧思辩题”环节，引导学生整体感知文本，运用已有的议论文知识发现本文的论题。即完成“六步三阶段”中第一阶段中的“激活原知识”和“选择性知觉”这两步。

三、合作探究，理清思路

1.正所谓有答案就会有问题，作者在文中向我们提出了哪几个问题呢？又得出了哪些结论呢？

讨论后归纳：

（1）从四种图形中，找出一个性质与其他三个不同的事物。

结论：“由于看图形的角度不同，四种答案全都正确。”“事物的正确答案不止一个。”

追问1：为什么大多数人没有发现其他的角度与答案呢？

明确：“正确答案只有一个”这种思维模式，在我们头脑中已不知不觉地根深蒂固。

追问2：“根深蒂固”是什么意思？为什么“不满足于一个答案，不放弃探求”非常重要?

根深蒂固：比喻根基深厚牢固；不可动摇。多指旧势力、旧思想、旧制度等基础深厚，不易摧毁；有时也指好的思想感情不能改变。

生活中解决问题的方法并非只有一个，而是多种多样。如果你认为正确答案只有一个的话，当你找到某个答案以后，就会止步不前，不会继续寻求第二种答案，或是发现解决问题的其他途径与新的方法。可见，打破思维定式，积极寻求新途径、新方法的想法，在我们的生活也很重要，可以为我们带来更多的惊喜与收获。

故事分享：

一位母亲带着三个孩子，她在路边摆了一个小摊卖春卷，以微薄的收入抚养三个孩子。为了帮助妈妈减轻负担，三个孩子决定帮助妈妈卖春卷。如果是你，你会如何销售春卷呢?

我们来看看故事中的三位小主人公是怎么做的。老三比较老实，复制了妈妈的方式，将成本为3元的春卷按照5元的零售价卖给了同学，一天赚了40元钱；老二使用了批发手段，按照每个4元的价格直接将春卷全部卖给了学校餐厅，并与餐厅达成了长期协议，尽管每天只有20元的利润，但收益稳定；老大利用自己在国外生活的优势，举办讲座活动，还可以免费品尝美味春卷，但是需要买入场券，每人5元，每个春卷都被他精心分割成了10份，他接待了200名观众，入场券收入1000元，扣除200元的场地费和60元的春卷成本价，利润高达740元。

老大的营销策略是不是很有创意呢?

（2）拥有创造性思维需要具备哪些条件呢?

结论：“汲取知识，使自己学识渊博”；将知识“进行组合，形成新的创意”，“运用知识”；“持之以恒地进行各种尝试”。

追问：知识和创造力有着怎样的关系？发挥创造力的关键是什么?

明确：知识是形成新创意的素材，但不能光凭知识就会拥有创造力。发挥创造力的真正关键，在于如何运用知识。

（3）这种创造性的思维是不是任何人都具备呢？富有创造力的人和缺乏创造力的人的区别是什么?

结论：“任何人都拥有创造力，首先要坚信这一点。”“富于创造力的人，认为自己具有创造力；缺乏创造力的人，不认为自己具有创造力。”

追问：如何才能成为一个具有创造力的人？

“要经常保持好奇心，不断积累知识；不满足于一个答案，而去探求新思路，去运用所得的知识；一旦产生小的灵感，相信它的价值，并锲而不舍地发展下去。”

2.作者这种自问自答形式运用了哪种修辞？有什么好处？讨论后归纳：运用了设问的修辞。

（1）问题的设置提醒读者注意，激发读者阅读兴趣，引发读者思考。

（2）图形判断题的设置，以生活中的现象为例，带领读者真切体会“正确答案只有一个”这种思维模式的“根深蒂固”，引发读者共鸣，使说理更具说服力。

（3）设置的三个问题对应着作者关于创造性思维论述的三个方面。

（4）问题的切换代表着作者思路的转换。

3.这三个问题的论述顺序可以调换吗？为什么？

讨论后明确：不可以。

三处设问按照逻辑顺序牵引着作者的论述思路：不满足于一个答案，不放弃探求——创造性思维需要哪些要素——创造性是否人人具备——如何成为一个富有创造性的人，呈现出“归纳式”的推理过程。循序渐进、逐层递进地论证了本文论述的中心问题——“怎样做一个富有创造力的人”。

后两处设问更为巧妙，表面上是提醒注意，引导思考，使文势有变化，起波澜，实质上在结构上暗中起到承接，过渡作用，使文章结构紧密，条理清楚。全文论证层层深入，环环相扣，体现了严谨周密的逻辑思维。

设计意图

1. 在把握论题的基础上，通过不断设疑、讨论、追问、辨析，带领学生抽丝剥茧，理清本文层层推进展开论述的行文思路，引导学生逐渐形成了写了什么——如何写的——为什么这样写的学习思维，为学生今后独立学习奠定了基础。

2.引入故事，在激发学生兴趣的同时，引导学生将故事内容与文本有机融合，便于理解文本内容。

3.完成“六步三阶段”中第一阶段中的“新信息进入原有命题网络”这一步。

四、去伪存真，批判继承

《怀疑与学问》一文，开篇就提出了“学则须疑”的观点，经过怀疑、思索、辨别之后，学问才真正属于我们自己。本文选自《中外母语教材选粹》，虽然有很多可圈可点之处，但是作为一篇议论文，又是一篇译文，难免会有一些瑕疵。

文中“从古代到现代技术，从数学到插花，不精通各种知识就一事无成”这句话，表述严谨吗？

明确：作者为了力证“富有创造力的人总是孜孜不倦地汲取知识，使自己学识渊博”。但“不精通各种知识就一事无成”的表述就绝对化了，正所谓学海无涯，人很难精通各种知识，如按这句话来推论，如果大多数人一事无成，社会又怎会进步呢？这样表述显然不够严谨。

同学们自读课文，展开讨论，看看文中还有其他疏漏之处吗？

讨论后归纳：

1.“创造性的思维，必须有探求新事物，并为此而活用知识的态度和意识，在此基础上，持之以恒地进行各种尝试。”为了证明此观点，作者列举了约翰·古登贝尔克和罗兰·布歇内尔发明两个发明创造的例子。但作者在举例论证中只是重点叙述了古登贝尔克“半开玩笑地自言自语”之后就发明了印刷机，而布歇内尔更是在迸发灵感之后，“此后不久”就发明了电子游戏。这样的表述与作者提出的要在活用知识的基础上，“持之以恒地进行各种尝试”的观点背道而驰。

2. 原题目“事物的正确答案不止一个”中“不止”一词，意思是超出一定的数量和范围（《现代汉语词典》），“不止一个”表示超出一个，至少是两个，也就是说事物的正确答案至少有两个。但事实上，有些问题的答案是唯一的，特别是有关数学方面的问题。可见，原题目在表述上也不够严谨。

设计意图

1.在理清行文思路的基础上，顺势引导，指导学生查找文章不妥之处，对文本内容进行质疑探究，通过辩证地分析、梳理与扬弃，培养学生的批判性思维，并带领学生于思辨中发展创造性思维。

2.完成“六步三阶段”中第二阶段中的“变式练习，知识转化为技能”这一步。

五、探寻初衷，对话作者

思考：本文是写给哪些人的呢？文章寄托着作者怎样的期待呢？

讨论后明确：

1.朝气蓬勃、不惧挑战的当代青年；在生活、学习中因为受到传统思想和思维定式束缚的人；那些认为发明创造与自己无缘的人等。

2.期待大家都能树立自信，坚信自己拥有创造力；期待大家能经常保持好奇心，不断积累知识；期待大家不满足于一个答案，而去探求新思路，去运用所得的知识；期待大家抓住那些小的灵感，相信它的价值，并锲而不舍地把它发展下去，最终成为一个富有创造性的人。

设计意图

1.为学生补充相关资料，启发学生关注文本的出处及创作背景，留意到本文经历反复译注的细节，通过“对话作者”的环节，实现学生与文本深层次的对话，激发了学生独特的感受、体验和理解，拓展学生思维的广度和深度。

2.完成“六步三阶段”中第三阶段中的“根据线索提取知识”这一步。

六、迁移训练，学以致用

假设我们与比尔·盖茨一样，成为罗迦·费·因格朋友圈中的一员，当你看到作者在朋友圈中发的本文，请你用一句简短的话语发表评论，表达你的看法。（提示：观点鲜明，语言严谨）

七、作业拓展，课下引申

请搜集适合文中观点的事例，以准确严谨的语言，替换文中事实论据，帮助作者修改本文，使论述更加严密合理。

设计意图

1.语文学习的根本任务之一，是思维能力的训练。用简洁的语言发表朋友圈评论的环节设置，不仅可以培养学生独立发表观点的思维与意识，也是很好的语用训练。“修改论证事例”的作业，对课堂教学内容进行了有效延伸，也引导学生用写作的方式进一步发展创造性思维，学以致用。

2.完成“六步三阶段”中第三阶段中的“技能在新的情境中应用”这一步。

附：板书设计：

设计意图

板书设计是本课的一个亮点，通过新颖的图形，在调动学生积极性的同时，帮助学生梳理归纳文章思路，同时完成“六步三阶段”中第三阶段中的“根据线索提取知识”这一步。

（本文作者：天津市西青道中学　陈曦）

（指导教师：孟凡云）

《奥斯维辛没有什么新闻》教学设计

【文本分析】

这篇文章是美国记者罗森塔尔1958年访问奥斯维辛集中营博物馆后采写的一篇新闻作品。作者突破“客观报道”“零度写作”的束缚，把自己的见闻和感受作为报道的主要内容，发表后引起广泛关注，并获得普利策新闻奖。教学这篇作品，应引导学生把握作者的情感倾向，培养学生“热爱和平、反对战争”的情感；应重点品评语言文字，在品词析句、探赜索隐中培养学生能力。在教学方法上，应坚持“自主、合作、探究”原则，让学生在多重对话情境中完成阅读任务，实现教学目标。

【教学目标】

依据课题的要旨，语文课程必须根据学生身心发展和语文学习的特点，关注学生的个体差异和不同的学习需求，爱护学生的好奇心、求知欲，充分激发学生的主动意识和进取精神，倡导自主、合作、探究的学习方式。故确立本课的三维教学目标如下。

1.知识与能力目标

（1）通过学习简洁而富有表现力的语言，品味作者的思想感情。

（2）去粗取精，去伪存真，学会筛选信息，抓重点、抓关键。

2.过程与方法目标

（1）仔细品味本新闻中的细节描写，明确作者的感情倾向。

（2）聚焦全文的“否定句”，深刻理解这些句子的内涵，领会作者这种独特写法的用意。

（3）了解侧面表现和借景抒情手法的运用，认识“印象式报道”的特点。

3.情感、态度与价值观目标

深切感受纳粹对囚犯惨绝人寰的摧残和迫害，呼吁热爱和平之情。

【教学重点】

1.罗森塔尔通过参观者的行动、神态来传达他们的主观感受，表达自己的鲜明感情。

2.领会本篇不朽新闻的独特构思和新颖写法。

【教学难点】

品味新闻作品中简洁且富有意蕴的句子的含义。

【课时安排】

1课时。

【教学过程】

一、学生演讲，巧妙导入

1.利用二分钟铃时间，播放电影《美丽人生》的经典片段，为本节课的语文学习创设情境。

2.一学生深情演讲对电影《美丽人生》片段的感悟，渲染气氛、为课堂蓄势。

3.展示奥斯维辛集中营图片，同时一位学生简介集中营情况，为本课的顺利开展作好铺垫。

设计意图

结合教材和学情，课前通过影片的播放营造一种沉重、压抑、悲痛的氛围，学生的演讲更加将这种情感升腾起来，在此时大屏幕展示“奥斯维辛集中营”的图片，学生在搜集资料的基础上做一份简介，为学生走进文本作好铺垫。即完成“六步三阶段”中第一阶段中的“注意与预期”这一步。

二、设置疑问，整体感知

1.《奥斯维辛没有什么新闻》被放在“新闻和报告文学”这一单元。请学生谈有关新闻的知识点。

2. 学生配乐朗读课文第7至15自然段片段，并思考“这篇文章符不符合新闻的要求？”

设计意图

1.由新闻的知识点切入，复习原有知识的基础上更好地开展教学。

2.通过学生的配乐朗读，学生自主进入文本，整体感知文章。

3.抛出主问题“这篇文章符不符合新闻的要求呢？”并组织讨论，展开学生与文本的对话。课堂一开始就带领学生进入思辨的空间，完成“六步三阶段”中第一阶段中的“激活原知识”和“选择性知觉”这两步。

三、聚焦“否定”，探微知著

本文的否定句像一条线串起了全篇，使文章具有统一的风格。

1.思考：文章原题为《布热金卡：阳光明媚，鸟语花香》，而现在的标题是“奥斯维辛没有什么新闻”，你认为现在的标题好在哪里？

2.如何理解第二自然段中“在布热金卡，本来不该有阳光照耀，不该有光亮，不该有碧绿的草地，不该有孩子们的嬉笑”这句话。

3.作者介绍背景后写道：“今天，在奥斯维辛，并没有可供报道的新闻。”你如何理解呢？

4.在文章的主体部分，作者还使用了哪些否定句呢？请分析。

5.请研读分析最末段：“在奥斯维辛，没有新东西可供报道。这里天气晴朗，绿树成荫，门前还有儿童在打闹、嬉戏。”

纵观全文否定句，看似一句轻轻的否定，分量重比千钧，比起正面的控诉，更有力量。

设计意图

1.教师读透文本，梳理出贯穿全文的否定句作为文本细读的核心和线索，引导学生进一步深入文本，把握文脉，理解作者的创作意图。

2.激发学生的探究意识，引导学生透过“否定句”的独特表达去体味文章蕴含的情感，鼓励学生发表自己的独立见解，在交流中文章的主旨和深意渐渐凸显。本部分落实过程与方法目标，突破教学难点。

3.完成“六步三阶段”中第一阶段“新信息进入原有命题网络”和第二阶段中的“认知结构的重建与改组（知识转化为能力）”这两步。

四、回到本源：本文符不符合新闻要求呢？

1.纯主观性的报道避免了铺张写景，用自己实在的感受感染读者。

2.本文挖掘出超越新闻时效性的东西，跳出新闻，反思人性。

3.与众不同的写作角度：（1）否定贯全篇；（2）融报道与抒情。

4.与众不同的作者：（1）有独特写作风格，对于自己写作艺术有高度自信；（2）有正义、热爱和平，有记者使命感。

作者对人类没有失望，所以他写下了这篇名作。

设计意图

本部分在原有基础上拔高，系统归纳出本新闻独特之处，清晰回答了学生一开始提出的问题，使得整堂课结构圆融。另外，我还设计了学生与作者的对话，打通了文本和作者，更好地促进了学生对本文的深度理解。高质量完成“六步三阶段”中第二阶段中的“认知结构的重建与改组（知识转化为能力）”的拔高认识。

五、结语：为了永恒的纪念

1.展示格拉斯等名人对奥斯维辛的评价语言，更好地深化教学。

2.奥斯维辛集中营的参观到此结束，请同学们在参观留言簿上仿照例句写下你的心语。

设计意图

1.根据课文的内容创设情境，进行读写活动，充分体现语文课程的实践性，使学生的情感从中得到升华，在语文学科教学中渗透情感、态度与价值观目标。

2.完成“六步三阶段”中第三阶段中的“技能在新情境中的应用”这一步。

六、拓展作业

阅读《西方新闻作品选读》，进一步学习掌握“印象性新闻”的写作方法。

七、板书设计

《奥斯维辛没有什么新闻》

罗森塔尔

否定贯全篇（呈现方式）	鞭挞罪恶
主观抒情怀（抒情方式）	独特纪念死者
文采见华章（叙事手法）	不朽新闻警告生者

设计意图

板书设计是对全文的小结，也是本课力求打造的一个亮点。通过板书来完成“六步三阶段”中第三阶段的“根据线索提取知识”这一步。

（本文作者：天津市梅江中学　田新星）

（指导教师：王春红）

名著阅读与作文指导

《湘行散记》教学设计

【文本分析】

《湘行书简》是由一组信札集成，是《湘行散记》的母本。1934年因母亲病危，匆匆赶回故乡湘西途中的沈从文记录下了对往事的回忆和体悟。散文包含沉甸甸的责任意识——面对一种特殊的历史场域，追溯神性生命的始终，透过表层的血与泪，体验一份人生的庄严。统摄到作者巨大悲悯情感下的书写与反省，是将尖锐的民族问题与社会矛盾，融汇在人事的叙述中。“文明”与“堕落”的复合关系，原始生命活力无从改造与转移的忧惧，纯净的牧歌情感，人性深处保有的力量，湘西特有的风土情貌，在沈先生的笔下熠熠生辉，具有强烈的“沈氏风格”。

【教学目标】

依据课题要旨，提高学生的语文素养必须将语言、思维、审美、文化融合在一起，而经典的文本就是很好的例子。根据学生身心发展和语文学习的特点，关注学生的个体差异和不同的学习需求，充分激发学生的主动意识和进取精神，消除与经典的隔膜，倡导自主、合作、探究的学习方式。故确立本课的三维教学目标如下。

1.知识与能力目标

（1）走进作者，初步了解沈从文其人及具有湘西特色的人情风貌。

（2）在初步阅读的基础上，体会沈先生笔下的文学湘西具有的特色。

（3）由课内散文延伸至文本之外，发现作者所写之景与现实之景的差别，追根溯源，选择自己认为可靠的原因，分小组进行探究。

2.过程与方法目标

（1）师生交流搜集到的信息，初步了解沈先生的生平，知晓湘西对沈从文与众不同的意义。

（2）在通读文本后，选择其中一个或几个画面，探讨散记中的湘西的人和景。

3.情感、态度与价值观目标

感悟书中难以割舍的乡情，体悟在写文章时要有自己的情怀，不做无病之呻吟。

【教学重点】

1.学习用知人论世的阅读方法帮助自己理解文本中所诉说的情感。

2.品味散文的语言特点，体悟书中难以割舍的乡情，领悟在写文章时要有自己的情怀，不做无病之呻吟。

【教学难点】

品味散文的语言特点，体悟书中难以割舍的乡情，领悟在写文章时要有自己的情怀，不做无病之呻吟。

【课时安排】

1课时。

【教学进程】

一、课前导入

1.初识“明珠”

胡适说：“沈从文是天才，是中国小说家里最有希望的。”徐志摩说：“沈从文的作品，值得读者再读三读乃至四读五读。”巴金说：“沈从文不仅有很高的才华，还有一颗金子般的心。”就连诺贝尔文学奖都要颁奖给他。诺贝尔文学奖终身评委马悦然也说：“如果沈从文1988年5月没有去世，肯定能得奖。”

2.你眼中的沈从文是什么样的呢？

要求：学生轮番交流自己了解的沈从文，自选角度，选取某一方面进行交流展示。

设计意图

结合学情特点，让学生了解沈从文所获得成就，借助大文学家的话语，从侧面了解沈从文先生为中国现代文学所作出的贡献和文学界对其的赞赏，带着对沈先生的敬仰之情，品读《湘行散记》，为学生走进作品作好铺垫。即完成“六步三阶段”中第一阶段中的“注意与预期”和“激活原知识”这两步。

二、初识佳作

1.《湘行散记》的创作历程

1934年初，沈从文从北平冒着严寒回乡探望生病的母亲，乘车到达湖南桃源后，即租了一条小船溯流而上，经过十天舟行，回到家乡——湘西凤凰。他根据在船上的所见、所闻、所思和少年时代的记忆写出了《湘行散记》以及《湘西》中的多篇文章，用清新优美的文字展示了沅水两岸秀丽的风光和相似淳朴的民俗人情。

在行文结构上，《湘行散记》以回乡里程为线，以小船停泊处为点，点线相连，徐徐地展开了一幅幅湘西风情画，娓娓向人们叙述湘西民俗风情。作者以“我”为视点，或描写，或记叙，或议论，或咏叹。随着一个个小船停泊地的渐次出现——桃源、鸭窠围、杨家咀、箱子岩、辰河……

2.《湘行散记》的人物特点

文中主要描述了哪几种人物？他们有哪些主要的特点？这些人物的特点主要通过什么手段表现？

①他的朋友突出的特点就是戴着一顶价值“48元的水獭皮帽子”；有着兵痞的豪气与匪气；语言粗蛮却精妙丰富；对湘西的了解比县衙里的“包打听”知道得还清楚。

②总结：雅兴与俗趣——细节描写：兼顾说粗口、懂人情、爱字画。通过任务的语言描写，展现了特定年代里湘西的风物和人情，沉稳的叙述，让人看到一个小人物的生存状态，感受其身上折射出的混乱的世道与寂静的时代，但却妙趣横生的存活着。

设计意图

1.初探，让学生自读文本，整体感知，并围绕问题阅读，学会筛选概括信息，学会利用旁批等方法让自己深入文本，进行个性化的阅读体会。

2.引导学生以开篇文章所写人物为切入点，打开《湘行散记》的大门，从而走进作品，了解《湘行散记》，找到自己感兴趣的内容，深入探讨。从而落实过程与方法目标，突出教学重点。

3.完成“六步三阶段”中第一阶段中的“选择性知觉”和“新信息进入原

有命题网络”这两步。

三、品析美文

1.有一类人是沈从文先生笔下的常客，那就是——水手。《湘行散记》中出现多个水手，老师找了很多相关的语句，大家来看看沈从文先生笔下的水手是什么样的？

片段一：

或有人在皮匠街蓦然间遇见水手，对水手发问：“弄船的，「肥水不落外人田」，家里有的你让别人用，用别人的你还得花钱，这上算吗？”

那水手一定会拍着腰间麂皮抱兜，笑眯眯地回答说：“大爷，「羊毛出在羊身上」，这钱不是我桃源人的钱，上算的。”

他回答的只是后半截，前半截却不必提。本人正在沅州，离桃源远过六七百里，桃源那一个他管不着。

片段二：

大约九点钟时，小船到了第一个长滩脚下了，白浪从船旁跑过快如奔马，在惊心眩目情形中小船居然上了滩。小船上滩照例并不如何困难，大船可不同一点。滩头上就有四只大船斜卧在白浪中大石上，毫无出险的希望。其中一只货船，大致还是昨天才坏事的，只见许多水手在石滩上搭了棚子住下，且摊晒了许多被水浸湿的货物。正当我那只小船上完第一滩时，却见一只大船，正搁浅在滩头激流里。只见一个水手赤裸着全身向水中跳去，想在水中用肩背之力使船只活动，可是人一下水后，就即刻为激流带走了。在浪声哮吼里尚听到岸上人沿岸追喊着，水中那一个大约也回答着一些遗嘱之类，过一会儿，人便不见了。这个滩共有九段。这件事从船上人看来，可太平常了。

片段三：

他在一个小滩上，因为河面太宽，小漕河水过浅，小船缆绳不够长不能拉纤，必需尽手足之力用篙撑上，我的小船一连上了五次皆被急流冲下。船头全是水。到后想把船从对河另一处大漕走去，漂流过河时，从白浪中钻出钻进，篷上也沾了水。在大漕中又上了两次，还花钱加了个临时水手，方把这只小船弄上滩。上过滩后问水手是什么滩，方知道这滩名“骂娘滩”。（说野话的滩！）即或是父子弄船，一面弄船也一面得互骂各种野话，方可以把船弄上滩口。

片段四：

“掌舵的，你在这条河里划了几年船？”

“我今年五十三,十六岁就到了船上。”

三十七年的经验，七百里路的河道，水涨水落河道的变迁，多少滩，多少潭，多少码头，多少石头——是的，凡是那些较大的知名的石头，这个人就无一不能够很清楚的举出它们的名称和故事！划了三十七年的船，还只是孤身一人，把经验与气力每天作八分钱出卖，来在这水上飘泊，这个古怪的人！

“拦头的大伙计，你呢？你划了几年船？”

“我照老法子算今年三十一岁，在船上五年，在军队里也五年。我是个逃兵，七月里才从贵州开小差回来的！”

这水手结实硬朗处，倒真配作一个兵。那分粗野爽朗处也很象个兵。掌舵的水手人老了，眼睛发花，已不能如年青人那么手脚灵便，小水手年龄又太小了一点，一切事皆不在行，全船最重要的人物就是他。昨天小船上滩，小水手换篙较慢，被篙子弹入急流里去时，他却一手支持篙子，还能一手把那个小水手捞住，援助上船。上了船后那小子又惊又气，全身湿淋淋的，抱定桅子荷荷大哭。他一面笑骂着种种野话，一面却赶快脱了棉衣单裤给小水手替换。在这小船上他一个人脾气似乎特别大，但可爱处也就似乎特别多。

片段五：

便因为这点哲学，水手们的生活，比起“风雅人”来似乎洒脱多了。若说话不犯忌讳，无人疑心我“袒护无产阶级”，我还想说，他们的行为，比起那些读了些“子曰”，带了《五百家香艳诗》去桃源寻幽访胜，过后江讨经验的“风雅人”来，也实在还道德的多。”

2.这些段落呈现湘西水手什么样的的生活状态？从中……你可以看出水手……样的形象特点？

明确：

生活的笑与泪、恩与怨、生与死，让他们不仅能感受到生活表层的悲惨、凄凉，而且越过这表层的血与泪，体验到生活被迫接受摊到自己的那一份命运时，在日夜交替中各尽生命之理的庄严。辰河船上的水手的悲惨境遇，但他们不自知，依然保持着自己原始的热情和性情。

3.现实生活中的水手是什么样？为什么在沈先生的笔下他们是这样？

（1）沈从文在湘西诸作着重表现“性善”（而在都市诸作则着重表现“性恶”）。

沈从文在《习作选集代序》中说：“这世界上或有想在沙基或水面上建造崇楼杰阁的人，那可不是我。我只想造希腊小庙。选山地作基础，用坚硬石头堆砌它。精致，结实，匀称，形体虽小而不纤巧，是我理想的建筑。这神庙供奉的是﹁人性﹂”。

（2）沈从文的“人性”不是一个空洞的概念，具体来说就是善良、热情、诚实、朴素、雄强，这些都是美好的品质，不应随着现代文明而消失，因为它具有永恒的魅力，成为沈从文创作的永恒的主题。他有美的感觉，可以从乱石堆中发现可能的美丽……

（3）他认为城市文明，是被异化的，是有约束的，他崇尚自由、自在。

4.作者写水手寄寓了哪些人生喟叹，其意义何在？

目睹湘西底层人民顽强地在泪与笑中打发日子，努力保持生命的尊严，为生活而搏战，这种生命形态也许还将继续延续下去，悲壮而又辛酸，作者感到无限的“忧郁”“哀戚”和“悲悯”。这种人生感喟源于作者对湘西人民灵魂的深刻理解，对湘西民族历史遭遇和现实境况的观照与反思，且与具体的生命形态相联系，浸润了深厚的历史感，从而具有哲理的内涵和动人心魄的力量。

设计意图

1.引导学生深入文本，寻找自己探索的感兴趣方向，深入阅读，总结概括。

2.激发学生的探究意识，专题研究意识，能够学会阅读，学会思考、学会概括总结。落实过程与方法目标，突破教学难点。

3.完成“六步三阶段”中第二阶段中的“认知结构重建与改组”这一步。

四、咏叹美情

根据我们阅读的体会和对作者的了解，写成阅读报告。

报告内容三选一：

1.沈从文为什么要选取这些水手作为湘西画面的代表进行介绍？

2.沈从文的湘西和你家乡作对比，选一个最大的不同点进行阐述。

3.沈从文笔下的水手形象对你感悟最深的一点进行概述。

第一，沈从文称自己是“乡下人”，“乡下人照例有根深蒂固永远的乡巴佬的性情，爱憎和哀乐自有它独特的式样，与城市中人截然不同！他保守、顽固、机警却不甚诡诈。”

第二，保持物性“天然朴素”的美学追求，使作品记人、叙事、状物、写景，都保有高度的自然生动性。

第三，基于自身的生命体验，沈从文对湘西的人与事有深刻的理解、深厚的感情。

设计意图

1.完成阅读指导，布置阅读任务，让学生从文本之外的世界走进文本，深入文本，感知文本，除此之外，还要走出文本进行个性化地阅读摘抄、积累，完成读书报告，并根据阅读的感受，感知自己的故乡，由人及己，由景到情，渗透情感、态度与价值观目标。

2.完成“六步三阶段”中第三阶段中的“变式练习，知识转化为技能”。

五、拓展作业

鲁迅在看到国人麻木，没有灵魂的时候，选择弃医从文，放弃自己学医的理想，这是源于对祖国未来的担忧，老舍先生写《济南的冬天》缘于自己对地热故乡的热爱，沈从文先生一生都在执拗于构造自己笔下的湘西世界，也是源于对故乡无限的爱。所以作家在写作时拥抱着自己的感情和情怀而不是去做无病的呻吟，所以大家在写作时也要有自己的真情实感。

1.选择自己家乡最有标志性的人、物、事、风俗等进行文字性地介绍（任选其中一点即可）

2.主题交流会。从中选择一类自己感兴趣的人物，尝试做人物描写，并归纳其特点，与同学们互相交流。

设计意图

提升语文素养，阅读与写作相结合，加深自己的阅读体会，完成“六步三阶段”中第三阶段中的“技能在新的情境中应用”。

（本文作者：天津市翔宇力仁学校　彭书元）

（指导教师：张晓初）

《傅雷家书》教学设计

【文本分析】

《傅雷家书》收录了傅雷及其夫人写给两个儿子的信，其中写给长子傅聪的家信一百多封。这本书的影响极其深远，它不只是一封封普通的家书，更涉及道德、文化、艺术、历史等多方面。楼适夷评价说:“这是一部最好的艺术学徒修养读物，这是一部充满父爱的苦心孤诣、呕心沥血的教子篇。”

学会选择性阅读文本，在通读的基础上，根据自己的兴趣选择喜欢的专题，并共同研读探究。

【教学目标】

依据课题要旨，语文名著阅读要培养学生采用适合不同文本的读书方法来阅读作品，人教版语文教材对《傅雷家书》阅读指导，让学生学会选择性阅读，这是一种理性的、目的性很强的阅读方式，这和阅读者的兴趣、思考、关注点密不可分。本课目的是指导学生如何阅读《傅雷家书》这部作品，并布置相应的阅读任务，故根据阅读要求，确立本课名著阅读指导的三维教学目标。

1.知识与能力目标

（1）走进傅雷，初步了解傅雷其人及这些书信的写作背景。

（2）在初步阅读的基础上，体会一封封书信中所写的内容和饱含情感。

（3）学会一定的阅读方法，选择性阅读文本，选择自己喜欢的专题，分小组进行探究。

2.过程与方法目标

（1）共同走进傅雷的基础上，了解傅雷，了解其思想。

（2）傅雷给儿子提出的建议涉及很多方面，在通读文本后，选择其中一个或几个方面，探讨傅雷的教子之道，并一起研讨。

3.情感、态度与价值观目标

感悟书中饱含的浓浓的父子之情，感受家书真情的流露，也从中学到做人的道理，提高自己的道德与艺术修养。

【教学重点】

1.学习选择性阅读方法阅读作品。

2.理解傅雷的教子方法，体会书中所饱含的浓浓情感。

【教学难点】

领悟作品内蕴，体会“两地心，父子情”，家书是真情的流露。

【课时安排】

1课时。

【教学进程】

一、课前导入

1.利用课前二分钟时间，与大家交流，统计大家对傅雷的了解和对《傅雷家书》的阅读情况及阅读体会。

2.播放《大师傅雷》视频节选，了解傅雷及其人生经历，了解傅雷的思想，“亲其人，信其道”，并了解傅雷家书的写作背景。

设计意图

结合学情特点，让学生走进傅雷，了解傅雷作为翻译家，文艺评论家的成就，带着对傅雷的敬仰之情，品读《傅雷家书》，为学生走进作品作好铺垫。即完成“六步三阶段”中第一阶段中的“注意与预期”和“激活原知识”这两步。

二、初探

以两则书信为例（第一则：1954年10月2日；第二则：1955年1月26日），体会傅雷家书与普通书信的异同。

1.通读全文，勾画重点，概括内容

两则书信中可以读出傅雷给予傅聪怎样的引导，用的什么方式，可以看出父亲对儿子的心理情感。

（1）无微不至的父亲

①及时的关心；②深切的期望；③贴心的话语。

（2）心灵相通的知音

①艺术上的知音；②平等的朋友。

（3）循循善诱的老师

①生活上的引领；②感情和人生的导师。

2. 交流，总结

傅雷家书与普通书信的异同：①同：都是父亲写给儿子的家信；②异：这些家书除了父亲对儿子在外生活的关心外，凝聚着傅雷对祖国的爱、教导儿子如何做人，如何对待生活、对待艺术的引导，根据傅雷的说法，辑录的书信有四个方面的作用：一是讨论艺术；二是激发青年人的感想；三是训练傅聪的文笔和思想；四是做一面忠实的“镜子”。

设计意图

1. 初探，让学生自读文本，整体感知，并围绕问题阅读，学会筛选概括信息，并有自己的阅读体会。

2. 引导学生以两则书信为切入点，打开《傅雷家书》的大门，进而走进作品，了解《傅雷家书》书信的内容，找到自己感兴趣的方面，深入探讨。从而，落实过程与方法目标，突出教学重点。

3. 完成“六步三阶段”中第一阶段中的“选择性知觉”和“新信息进入原有命题网络”这两步。

三、研读，概括傅雷的教子之道、体会浓浓的父子之情

1. 家书涉及的内容的广度以及教育的深度。

2. 教育方法的独到，以朋友身份循循善诱。

3. 情感的浓烈，拳拳爱子之心，望子成龙之心。

设计意图

1. 引导学生深入文本，寻找自己探索的感兴趣方向，深入阅读，总结概括。

2. 激发学生的探究意识，专题研究意识，能够学会阅读，学会思考、学会概括总结。落实过程与方法目标，突破教学难点。

3. 完成“六步三阶段”中第二阶段中的“认知结构重建与改组”这一步。

四、提升，完成读书报告

1.分别从自身修养，生活细节，人际交往，感情处理，读书求学等方面，选择其中一个或几个方面，探讨傅雷的教子之道，完成阅读表格，进而完成一篇读书报告。

阅读表格示例：

	自身修养
摘抄	
我的感受	

2.感受父子情深，傅雷家书是父亲写给儿子的家信集，父爱流淌在朴实的文字背后，深沉而温暖。阅读后发现，在苦心说教背后流露出的浓浓的父爱。

设计意图

1.完成阅读指导，布置阅读任务，给出阅读表格，阅读摘抄、积累，将表格装订成册，完成读书报告，并根据阅读提炼的内容，写出自己的阅读感受。同时在指导阅读中，渗透情感、态度与价值观目标。

2.完成“六步三阶段”中第三阶段中的“变式练习，知识转化为技能”这一步。

五、拓展作业

1.我给傅雷写回信，选择一个傅雷家书中感兴趣的主题，梳理傅雷观点，归纳概括，并假设与傅雷对这一话题交流，给傅雷写一封回信。

2.布置读书交流活动，读书手册、读书报告及我给傅雷写回信完成之后，召开《傅雷家书》阅读成果交流会，分享阅读成果。

设计意图

提升语文素养，阅读与写作相结合，加深自己的阅读体会，完成“六步三阶段”中第三阶段中的“技能在新的情境中应用”这一步。

（本文作者：天津市耀华嘉诚国际中学　董秋竹）

（指导教师：杨晓冬）

《语言的锤炼》教学设计

【文本分析】

高中语文选修教材《文章写作与修改》共分为四章，《语言的锤炼》位于这册书第四章第三节，主要涉及文章修改的微观层面。分别讲了"句式的整齐与变化""句子的松和紧""衔接与呼应"三方面内容。课文中提到，语言的修改与锤炼有两个层次：第一个层次是纠正、弥补自己的失误；第二个层次是打磨、润色，是精益求精。本课所学正是基于第二个层面的，安排在作文系列训练中的最后一个环节，目的是让学生明白写作要感情质朴的同时也要讲求文采，正所谓"文质兼美"。笔者认为，新课程的实施一定程度上是通过新教材进行的，师生对教材要把握准，驾驭熟。作为教材的使用者，我力求通过教材所搭设的平台，创造性地将其作为学生写作训练的素材来源之一和语言增辉点。高考作文评分标准中发展等级占20分，其中"有文采"一项正切合本课内容。因此，在对本章节的充分研读后，我决定充实教材内容，增加语言锤炼的另外一些方法，以供学生在修改文章时能从已有知识储备中调取信息，充实、丰富自己的文章，使文章内容更加文采熠熠。

【教学目标】

作文教学一直都是语文教学中的难点所在，学生提不起写作兴趣，练习起来费时费力，收效甚微。针对这种状况，我认为要想在有限的时间内提高学生的写作水平就必须得法，也就是让学生掌握相关的写作方法。要让感觉麻木、懒于写作的学生能在名句魅力的感召下，感情丰富起来并乐于写作，而且写得富有文采。故确立本课的教学目标如下。

1.知识与能力目标

通过生生、师生间相互探讨，明确在自己的作文中使用诗文经典的方法及效果。

2.过程与方法目标

通过生生、师生间相互交流点评，明白展现文采的基本前提是抒真情写真话。

3.情感态度与价值观目标

提高学生的写作兴趣，变被动为主动，鼓励学生有感即发，多想多写，并乐于交流。

【教学重点】

学会如何在作文中引用、化用、仿用古诗文名句。

【教学难点】

使学生愿意并乐于运用本节所学，力求做到有个性、有创意的表达。

【课时安排】

1课时。

【教学进程】

一、音乐导入 歌词激趣

1.播放流行歌曲《涛声依旧》，引导学生思考歌词的妙处。

2.探讨明确：作者巧妙地利用了《枫桥夜泊》营造的幽寂清冷的意境，让歌词的意韵更加深厚。诗文可以照亮流行音乐，照亮你的文章。

3.板书课题。

设计意图

音乐能使学生很快进入情境，并为下一环节作好铺垫。估计学生此刻正在联想流行歌曲与古诗文巧妙结合的范例。时间关系不必展开。

二、探讨总结在作文中使用诗文经典的方法。

1.将预习作业。在课上交流，运用比较法，在课堂上相互合作交流，自主探究出使用诗文名句前后的效果。方式：小组讨论，代表发言。

2.结合学生的分析板书使用前后对比得出的效果。

效果：形象生动　有音乐美　富有韵味

增添文采　开拓意境　激发想象

加深意蕴　丰富文意　展现素养

3.结合实例师生共同探讨使用诗文的方法。

例1："那飘逸的太白，可愿为我拉来九天的银河，千尺的飞流"；"那润物无声的小雨，可曾抚淡了锦官城的浓艳"。

例2："素月寄孤舟，只影随水流，家园破，一盏残酒。酒淡怎敌晚风急，梧桐雨，点点愁。晚来独登楼，恨字锁眉头，黄花瘦，雁声断秋，一溪落花漫汀洲，流离苦，几时休？"（重庆高考满分作文《诗人·明月·黄花》）

例3："落霞与孤鹜齐飞，秋水共长天一色."（王勃《滕王阁序》）与"落花与芝盖齐飞，杨柳共春旗一色。"（庾信《三月三日华林园马射赋》）

例4：陆游与毛泽东的《卜算子·咏梅》

明确得出：

1.引用：将诗文原句直接插入到自己的文章中。

2.化用：将前人的创作与自己的创作相结合。

（取词摘句　词句重组）

3.仿用：根据前人创作形式自己模仿创作。

（正　反）

设计意图

课文中的例子直观而具有说服力，这一环节是由学生课前自主寻求实例，在课堂上相互合作交流，自主探究出以下内容。

1.诗文名句的使用效果。

2.如何在文章中使用这些古诗文名句。

三、课堂实战演练

既然古诗文魅力无限、妙处无穷，我们为何不移他山之石来攻玉呢？请同学从"我看世博""思念""轻松低碳"三个题目中任选其一写一段话，要求引用、化用或仿用古诗文。

设计意图

该环节是课堂生成性的最好体现，也是本课的重点环节。

四、交流与展示

1.学生间交流，小组合作，选代表在讲台前朗诵，台下可以有赞美也可以有不同的声音以及修改的意见。

2.教师将自己写的文章与学生进行交流，台下依旧可以有赞美也可以有不同的声音。

教师习作：思念是执手相看泪眼的凝噎，是忍顾鹊桥归路的酸楚；思念是人比黄花憔悴的孤寂，是问君归期未有的守候。它不是为赋新词强说愁的虚情，而是独上层楼欲说还休的实感。明月装饰了我的思念，谁装饰了你的梦。

一种相思，两处闲愁；思念如虹，横跨天际，连接两颗守望的心。江水流春，落月摇情；思念如水，漫无边际，淌进每一滴血液。立尽斜阳，终日凝眸；思念如梦，缥缈轻盈，模糊了黑夜与白昼。思念，让我们享受真诚，更期待永久。思念，让我们尝尽渴求，更珍惜拥有。

3.点出使用古诗文后达到了什么效果以及注意事项。

（1）引用一定要准确；围绕主题，抒发真挚情感。

（2）语言有文采是服务于文章内容的，千万不能矫情造作。

（3）语言有文采增添了文章的可读性和审美感，从而利于读者接受、欣赏、思索文章内容，以便进行二次创作，争取文章效果最大化。

设计意图

有利于学生之间相互展示文采，从而增强信心和兴趣，激发创作欲望。同时，生生、师生间通过进一步探究，可以明确，语言是为内容服务的，因此要在抒真情、写真话的基础上展现文采。

教师的示范更利于激发学生创作热情，拉近师生距离，平等对话，共同探究。

五、总结与作业

语言是一门精深的艺术，需要不断地练习，但我们不能一味地追求使用技巧，而放弃文章内容，使文章空洞、乏味、华而不实。今天我们所探讨的是如何能运用已有知识储备，让平淡无奇、波澜不惊、俗不可耐的文字变得情趣盎然、含蓄隽永，从而达到文质彬彬的效果。那么，为何不用祖国几千年的文化积淀来点亮我们的文章呢？作业：①分类整理古诗文名句；②将刚才的一段话写成一篇完整的作文。

六、板书设计

语言锤炼之以诗入文

效果：形象生动　有音乐美　富有韵味
增添文采　开拓意境　激发想象
加深意蕴　丰富文意　展现素养等

方法：引用　化用　仿用

设计意图

自古至今一直提倡抒真情写真话，但我以为，写真话并不意味着用白开水般无滋味、平淡乏味的语言，正所谓“言以文远”，要力求达到“文质兼美”的标准。在准备这节课的过程中，我首先针对学情和教材，制定出切合实际的教学目标，即激发学生写作欲望、提升语言品位、学会一种修改技巧。

（本文作者：天津市第五十七中学　杨玲）

（指导教师：曾辉）

《撷取珍珠积露为波——关注细节放大细节》教学设计

【教学目标】

1.知识与能力目标

（1）学习仔细观察生活，抓取细节的方法。

（2）比读材料，学习放大细节、描摹细节的方法。

2.过程与方法目标

（1）迁移课文，学习画龙点睛的方法。

（2）通过逐步训练，当堂完成细节充实、描写生动的片段练习。

3.情感态度与价值观目标

培养观察生活、热爱生活的情怀。

【教学重点】

比读材料，学习放大细节、描摹细节的方法。迁移课文，学习画龙点睛的方法。

【教学难点】

通过逐步训练，当堂完成细节充实、描写生动的片段练习。

【教学分析】

本课教学三次运用学与教过程模型——六步三阶段，步步实践放大细节的方法。

【课时数】

1课时。

【教学方法】

情境导入法，自主 、合作、探究法，点拨法，比较阅读法。

一、图片导入

对比以上三组图片，引导学生理解选材其实就是关注生活中鲜活的细节。

二、去粗取精抓细节

1.播放沙画视频《感恩父母》。

2.运用已有写作知识，概括在画面上都看到了什么。人物（外貌、动作、神态等等）；环境（自然环境、场面气氛）。

设计意图

结合学情特点，为课堂营造一种轻松、愉悦、积极、温馨的氛围，并为学生走进文本作好铺垫。即完成“六步三阶段” 中第一阶段中的“注意与预期”

和“激活原知识”这两步。

三、积露为波摹细节

1.展示教师习作

选取细节：晚上，她在灯下读书。

选点细描：晚上，她在灯下读书。窗外夜色渐浓。她时而提笔摘抄，时而双眉紧蹙。灯光在纸上洒下柔和的光圈。她的字体清秀端庄——好一个兰心蕙质的女孩子。

2.生齐读文段，感受细描方法。

3.讨论并明确：

晚上，她在灯下读书。窗外夜色渐浓，

[一句话起因]　[环境]

她时而提笔摘抄，时而双眉紧蹙。

[动作本身]　[环境]

灯光在纸上洒下柔和的光圈。

[环境]

她的字体清秀端庄——好一个兰心蕙质的女孩子！

[动作对象]　[作者心理]

4.小结：如何进行选点细描

一句话交代起因

A.动作
B.神态
C.环境
D.动作对象
E.作者心理

} 任意组合

其中动作是核心，一切描写要以动作为核心。

设计意图

通过比读材料，让学生自主研读文本，找出放大细节的方法，从而完成教学目标中第二条，是突破教学重点的步骤之一。即完成“六步三阶段”中第一阶段中的“选择性知觉”和“新信息进入原有命题网络”这两步。

1.小试牛刀，展示图片，扩写《夜读》片段，配乐德彪西《月光》。完成后展示习作。

设计意图

读——析——写是作文教学的科学、合理步骤，让学生运用方法实践写作，落实第四个教学目标，突破教学难点。即完成“六步三阶段”中第二阶段中的“认知结构的重建与改组（知识转化为能力）”这步。

四、生动形象绘细节

1.再次展示教师扩充习作

晚上，她在灯下读书。夜色如水墨画般深邃，万籁俱寂。她时而用白皙的手提笔摘抄，想必是读到了浑然天成的佳词丽句；时而又紧蹙柳叶般的黛眉，想必是读到了扣人心弦的悲欢离合。袅袅书香扑面而来。黄晕的灯光在纸上洒下柔和的光圈。她的字体群蚁排衙般清秀端庄——好一个兰心蕙质的女孩子！

2. 小组合作探究使细节生动形象的方法

A 夜色如水墨画般深邃
柳叶般的
群蚁排衙般 } 修辞

小结常用添彩修辞：比喻、拟人、排比、反复、对偶、夸张

B 万籁俱寂	听觉
袅袅书香扑面而来	触觉、嗅觉
白皙、黛眉、黄晕	视觉

小结感官描写：视觉、听觉、嗅觉、触觉、味觉

C 想必是读到了浑然天成的佳词丽句；想必是读到了扣人心弦的悲欢离合。

小结：联想（想象）

3.赏析名家美文：丁立梅《秋天的黄昏》，找出联想的部分。

还有晚开的棉花呢。星星点点的白，点缀在褐色的棉枝上，这是秋天最后的花朵。

你的眼睛，久久落在那些白上面，你想起童年，想起棉袄、棉鞋和棉被。大朵大朵的白，摊在屋门前的篾席上晒。你在里面打滚儿，你是驾着白云朵的鸟。玩着玩着，会睡着了，睡出一身汗来——棉花太暖和了啊。

最开心的事是，冬夜的灯下，母亲把积下的棉花搬出来，在灯下捻去里面的籽儿。你也跟在后面捻，知道有新棉鞋新棉袄可穿，心先温暖起来。那时，你的世界就那么大，那时，一个世界的幸福，都可以被棉花填得满满的。

设计意图

这是第二次实践六步骤中的第二阶段，通过再次比读材料，让学生找出使文章生动形象的方法，继续完成教学目标中第二条，是突破教学重点的另一个步骤。即：完成“六步三阶段”中第一阶段中的“选择性知觉”和“新信息进入原有命题网络”这两步。

4.小试牛刀：继续扩写《夜读》，完成后展示习作。

要求：修辞、感官或联想的手法至少加入一处。（配乐：德彪西《月光》）

设计意图

再次让学生运用方法实践写作，美化自己的片段，落实第四个教学目标，突破教学难点。即第二次巩固“六步三阶段”中第二阶段中的“认知结构的重建与改组（知识转化为能力）”这一步。

五、卒章显志点细节

1.PPT展示《湖心亭看雪》《记承天寺夜游》《目送》的点睛之笔，说说作者表达了怎样的情感。

2.请同学给教师习作《夜读》加点睛之笔。

3.小试牛刀：给自己的习作《夜读》加上点睛之笔。配乐：德彪西《月光》。完成后展示学生习作。

设计意图

第三次运用六步骤三阶段强化卒章显志这一写作技能，以上三个步骤分别对应“选择性知觉——新信息进入原有命题网络——认知结构重建与改组（知识转化为技能）”。

六、作业

片段描写《温情一幕》。

设计意图

运用本节课所学知识和技能——关注细节、放大细节、美化细节、卒章显志另写片段，即“六部三阶段”中的第三环节中“技能在新的情境中应用”这一步。

七、板书设计

关注细节　放大细节

一、观察场景 抓取细节

二、围绕动作 摹写细节

三、巧用修饰 美化细节

四、卒章显志 升华细节

设计意图

板书设计是本课教学内容和方法的精髓，同时学生可以通过板书来完成“六步三阶段”中第三阶段中的“根据线索提取知识”这一步。

（本文作者：天津市第二十中学　林妙聃）

（指导教师：杨晓冬）

《春诵夏弦描摹美景——把握特征融情于景》教学设计

【教学目标】

1.知识与能力目标

（1）学习多方面观察景物的方法，抓住景物特征。

（2）运用多种手法，从不同角度描写景物。

（3）体会情景交融的感染力，在写景中恰当融入情感。

2.过程与方法目标

（1）通过观察景物使学生与所描摹对象展开接触与对话。

（2）通过文本阅读、自主合作探究、写作方法指导使学生掌握多种写景技巧。

3.情感态度价值观目标

感受自然美景，领悟写景文章中寄托的意蕴与情感。

【教学重点】

观察景物、阅读文本材料，学习通过多种手法描写景物的方法。

【教学难点】

通过文本阅读、自主分析，学习写作方法，并使学生能够独立成文。

【课时设置】

1课时。

【教学方法】

情境导入法、自主探究讨论法、学导式教学法

【教学过程】

一、激趣导入

根据写作需要，学生课前选取自家的某扇窗子为观察点，进行观察，做好观察记录，并为景物拍照。学生课上交流观察手记及景物照片。

照片示例：

设计意图

结合学情特点，激发学生兴趣，使学生在观察、记录与拍照的过程中对所要描写的景物发生兴趣，产生真实体会，为学生走进文本，学习写作做好铺垫。即完成“六步三阶段”第一阶段中“注意与预期”和“激活原知识”步骤。

二、创设情境，观察景物

1.学生认真观察课前搜集的图片，用自己的话描述图片中的景色、景物特点（形状、色彩、不同时段）。

2.学生交流想法，以获得观察描绘景物的更多角度。

设计意图

通过观察与描述的方法，学生将直观感受转换为语言文字，唤起学生对已经学习过的景物描写方法的记忆，同时在交流沟通中初步习得更多的观察与描写景物的方法。完成“六步三阶段”第一阶段中的“选择性知觉”和“新信息进入命题网络”这两步。

三、确定顺序，展示景物

1.展示写景片段

选取景物：窗外那一棵杏树。

定点细描：站在窗前远望，低头便看到窗口下的那一棵杏树。春天已至，杏树的枝干变得粗壮起来，枝条上已经长出嫩绿的枝叶，向上看去，树梢上一朵朵淡粉色的花朵已然含苞待放。

2.学生阅读文本，体会描写景物的方法。

3.讨论并分析文本

站在窗前远望，低头便看到窗口下的那一棵杏树。

远观俯视

春天已至，那棵树的枝干变得粗壮起来，枝条上已经长出嫩绿的枝叶，向上看去，树梢上一朵朵淡粉色的花朵已然含苞待放。

树干——枝条——树梢花朵

由下———→到上

4.小结：写景视角及顺序

（1）写景视角：远观、近观、俯视、仰视。

（2）写景顺序：空间顺序、时间顺序、逻辑顺序。

5.片段写作练习，展示景物图片，尝试依据图片进行《钱塘湖》片段描写。

设计意图

阅读文本、分析文本能够使学生掌握选择写景角度及顺序的基本方法，并且“定点观察”的写作方法可以为此后学习“移步换景”的写作方法奠定基础。即完成“六步三阶段”第二阶段中“认知结构的重建与改组”步骤。

四、把握特征 放大景物

1.展示展示写景扩充片段

站在窗前远望，低头便看到窗口下的那一颗摇曳着身体的婀娜多姿的杏树。春天已至，杏树的褐色枝干变得粗壮起来。枝条上已经长出嫩绿的枝叶，那呈心形带小锯齿边的叶片在阳光照耀下熠熠发光。向上看去，树梢上一朵朵淡粉色的花朵已然含苞待放，那些半闭着娇羞双眼的花儿好像刚刚苏醒的亭亭玉立的少女。一阵春风吹过，树干静立，细小的花瓣却纷纭落地为泥，花朵的馨香与泥土的气息氤氲开来，沁人心脾。几丝细雨滴落，叶片与花朵被雨浸透，似有“杏花微雨湿轻绡”之态。

2.学生阅读文本，体会描写景物的方法

3.讨论并分析文本

（1）那呈心形带小锯齿边的叶片——形状
杏树的褐色枝干——颜色
枝条上已经长出嫩绿的枝叶——颜色
树梢上一朵朵淡粉色的花朵——颜色

（2）叶片在阳光照耀下熠熠发光——视觉
花朵的馨香与泥土的气息氤氲开来，沁人心脾——嗅觉

（3）一阵春风吹过，树干静立，细小的花瓣却纷纭落地为泥——动静结合。

（4）一颗摇曳着身体的婀娜多姿的杏树——拟人修辞
半闭着娇羞双眼的花儿——拟人修辞
花儿好像刚刚苏醒的亭亭玉立的少女——比喻修辞
似有“杏花微雨湿轻绡”之态——引用

4.小结：把握景物特征

（1）景物特点：形状、颜色。

（2）多感官描写：视觉、嗅觉、听觉、味觉。

（3）多种写作手法：动静结合、衬托、联想、想象。

（4）修辞：比喻、拟人、引用。

5.扩充写作练习，运用多种描写景物特征的手法继续扩写《钱塘湖》，要求景物特点、多感官描写、多种写作手法、修辞的运用至少加入两处。

设计意图

再次阅读扩充文本并进行深入分析，使学生把握景物特征，并掌握运用多种手法，从不同角度描写景物的方法，从而落实教学目标，突破教学重难点。即完成“六步三阶段”第二阶段中“认知结构的重建与改组”这一步。

五、融情于景 涵养景物

1.展示郁达夫《故都的秋》、丰子恺《庐山面目》、汪曾祺《草木春秋》文段。

2.体味作者在文段中融入的情感，学习借景抒情，融情于景的写作方法。

3.扩充写作练习，运用融情于景的方法继续丰满《钱塘湖》。

设计意图

阅读文段整体感受作者在写景中融入的情感，使学生掌握借景抒情、融情于景的写作方法。完成“六步三阶段”第二阶段中的“认知结构重组与改组”。

六、结语与作业涉及

片段描写《窗外》。

要求：运用本课所学的多种表现景物的方法，并在写景中融入自己的情感。

设计意图

运用本课所学的多方面观察景物、抓住景物特征、融情于景等多种写景手法完成全新写作片段，能够使学生进一步综合掌握本课所学技巧。即完成“六步三阶段”第三阶段中的“技能在新情境中运用”这一步。

七、板书设计

把握特征　情景交融

一、创设情境 观察景物

二、确定顺序 展示景物

三、把握特征 放大景物

四、融情于景 涵养景物

设计意图

板书设计是本课教学内容和方法的精髓，学生可以通过板书来完成“六步三阶段”中第三阶段中“根据线索提取知识”这一步。

（本文作者：天津市翔宇力仁学校　张雨晴）

（指导教师：张晓初）

《论证要合理》教学设计

【文本分析】

《论证要合理》是部编版初中语文教材九年级上册第五单元写作要求。课程标准中，7年级至9年级学生写作要求写简单的议论性文章，做到观点明确，有理有据。学生写作议论文，经常会出现自说自话、空谈无物等问题，该教学设计着力提高学生选择和使用论据的能力，使学生写作议论文时论证趋于合理化。

【学习目标】

1.知识与能力目标

了解合理论证的要求。

2.过程与方法目标

（1）学习选择和使用论据。

（2）体会论证要符合逻辑。

3.情感态度价值观目标

培养理性思考、独立发表见解的态度。

【教学重点】

学习选择和使用论据。

【教学难点】

体会论证要符合逻辑。

【教学步骤】

一、趣味导入

出示图片：

晏子将至楚

师：同学们，“晏子使楚”的故事大家一定不陌生，晏子用自己的聪明才智，挫败楚王，维护了国家尊严。谁愿意给大家讲一讲这个故事？

再次出示图片（故事情节提示）

生：……

师：晏子用自己的智慧一一反驳了楚王，让楚王笑曰：“圣人非所与熙也，寡人反取病焉 。”这就是“论据”的魅力。写议论文亦是如此，都要摆事实、讲道理，也就是需要论证，即围绕论点，把经过选择的论据组织起来，使两者有机结合，从而推导出令人信服的结论。（板书课题）今天我们一起聊一聊如何让我们的文章论证更合理。

设计意图

利用学生熟悉的传统故事导入，辅以漫画，既能引起学生兴趣，调动学生发言的积极性，又能够快速直接地引出本课教学内容。即完成“六步三阶段”中第一阶段中的“注意与预期”这一步。

二、自主学习活动

活动一：大家来找碴儿。

你能看出下列材料作为论据有何不妥吗？

1.倘若不是蒙哥马利将军从失败中作反省继续努力，又怎能在滑铁卢战役中大败拿破仑呢？

（蒙哥马利是“二战”时期英国将领，生于1887年卒于1976年。拿破仑是法国军事家、政治家，生于1769年卒于1821年。这两人作战就像相声包袱中的“关公战秦琼”。）

2.岳飞选择精忠报国，死而后已。他一生征战无数，以至于匈奴兵对他闻风丧胆。（岳飞是南宋抗金名将，带兵抵御匈奴的说法不正确。）

3.被流放的屈原，时时不忘报国，终因报国无门，而自刎于乌江。（屈原投身汨罗江，自刎乌江的是楚霸王项羽。）

明确：以上三则材料不符合史实——选择论据要真实。

4.挫折铸造成功。我们学校的一个女生特别喜欢足球运动，申请加入学校足球队，在校队训练中，她常常因表现很不理想而遭到老师的训斥。大家都说她并不适合这项运动劝她放弃，但她并没被挫折吓到，更加发奋努力，勤于练习，终于考进了专业球队。

明确：该材料只是个例，缺乏说服力——选择论据要典型。

5.失败是成功之母，刘备“三顾茅庐”终于请诸葛出山就是个很好的例子。

明确：论据不能支持论点，材料可以证明“求贤若渴的精神很重要”，证明“失败是成功之母”有些牵强——使用材料要能支持论点，保持一致。

小结：选择和使用论据是否恰当是论证是否合理的要求之一。

活动二：论据连连看。

下面是本单元部分课文中的文字，比一比谁能又快又准地找到可以支持论点的论据。

论点：1.批驳“生活太单调，不能创造”的错误观点（论据2）

2.批驳“环境太平凡了，不能创造”的错误观点（论据3）

3.我们有并不失掉自信力的中国人在（论据4、论据6）

论据：1.不识字的慧能，传了黄梅的教义。慧能说：“下下人有上上智。”

2.单调无过于坐监牢，但是就在监牢中，产生了正气歌，产生了苏联的国歌，产生了尼赫鲁自传。

3.平凡无过于一张白纸，八大山人挥毫画他几笔，便成为一幅名贵的杰作。

4.这一类的人们，就是现在也何尝少呢？他们有确信，不自欺；他们在前仆后继的战斗，不过一面总在被摧残，被抹杀，消灭于黑暗中，不能为大家所知道罢了。

5.遭遇八十一难之玄奘，毕竟取得佛经；粮水断绝，众叛亲离之哥仑布，毕竟发现了美洲；冻饿病三重压迫下之莫扎尔特，毕竟写出了《安魂曲》。绝望是懦夫的幻想。

6.我们从古以来，就有埋头苦干的人，有拼命硬干的人，有为民请命的人，有舍身求法的人。

7.富有创造性的人总是孜孜不倦地汲取知识，使自己学识渊博。从古代史到现代技术，从数学到插花，不精通各种知识就一事无成。

8.孟子所谓“尽信书不如无书”，也就是教我们要有一点怀疑的精神，不要随便盲从或迷信。

提问：什么样的论据符合论证合理的要求？

明确：论据要真实、典型，要能支持论点，保持一致。事实论据、道理论据均可。

设计意图

通过“自主学习”环节，引导学生运用已有的议论文知识，了解真实、典型与论点一致的论据是论证合理的要求。即完成“六步三阶段”中第一阶段中的“激活原知识”和“选择性知觉”这两步。

三、合作学习活动

活动一：请判断下列片段文字论证是否合理？

片段一：我老实告诉你一句话：“凡职业都是有趣味的，只要你肯继续做下去，趣味自然会发生。”为什么呢？庄子说：“用志不分，乃凝于神。”孔子说：“素其位而行，不愿乎其外。”

明确：论据不能支持论点，引用庄子和孔子的名言从正反两面论证了敬业的重要性——使用材料要能支持论点，保持一致。

片段二：好奇心是促进人们不断探索，不断进取的动力。对世界充满好奇，并努力探索，可以使梦想生根发芽，开出美丽的花朵。面对这个神奇美妙，而又复杂多变的世界，有的人漠不关心，得过且过，不思进取；有的人充满幻想，鼓足干劲，孜孜进取。无数的历史事实证明，前者终将一事无成，后者将根植梦想，创造出辉煌灿烂的明天。

明确：论题是“好奇心”，而正反两方面的论据都在“进取”——论证犯了偷换概念的逻辑错误。

片段三：从公开的文字上看起来：两年以前，我们总自夸“地大物博”，是事实；不久就不再自夸了，只希望着国联，也是事实；现在是既不夸自己，也不信国联，改为一味求神拜佛，怀古伤今了——却也是事实。于是有人慨叹曰：中国人失掉自信力了。

明确：正如鲁迅先生指出：“说中国人失掉了自信力，用以指一部分人则可，倘若加于全体，那简直是诬蔑。”——论证犯了以偏概全的逻辑错误。

活动二：师生总结，论证合理体现在什么地方？

明确：1.使用材料要能支持观点，避免出现论据不相干或论据不足的情况。

2.论证要符合逻辑，观点要一致，概念要统一。

3.要选择恰当的论证方式。

4.论证结构合理，思路清晰。（教师补充，这两点本课不做过多讨论。）

设计意图

在把握论据要求的基础上，通过合作学习，带领学生明确使用材料要能支持观点，避免出现论据不相干或论据不足的情况，以及论证要符合逻辑，为学生日后写作议论文奠定了基础。即：完成“六步三阶段”中第一阶段中的“新信息进入原有命题网络”这一步。

四、写作实践活动

活动一：请尝试用下面的材料来论证“自立自强”这一观点

资料1：洪战辉，感动中国十大新闻人物，第十七届中国十大杰出青年。在11岁那年家庭突发重大变故：父亲疯了，亲妹妹死了，父亲又捡回一个遗弃女婴，母亲和弟弟后来也相继离家出走。从12岁起，担当起照顾妹妹和父亲的重任，从读高中时，洪战辉就把这个和自己并没有血缘关系的妹妹带在身边，一边读书一边照顾年幼的妹妹，靠做点小生意和打零工来维持生活。先后就读于怀化学院(专科)、中南大学本硕连读。2005年被评为感动中国十大人物，2006年被评为全国十大杰出青年，2008年作为奥运火炬手参加了湖南长沙段的火炬传递活动。2011年至2015年在怀化学院任团委副书记，2016年担任湖南信息学院校长助理兼团委书记。现任长沙市湘华中等职业学校校长。

资料2:【颁奖辞】当他还是一个孩子的时候，就对另一个更弱小的孩子担起了责任，就要撑起困境中的家庭，就要学会友善、勇敢和坚强。生活让他过早地开始收获，他由此从男孩变成了苦难打不倒的男子汉，在贫困中求学，在艰辛中自强。今天他看起来依然文弱，但是在精神上，他从来是强者。

提示：议论文叙例要精炼、简要、概括，不使用描写，删去与论点关系不大的内容，不宜面面俱到，全盘照抄。注意对运用的材料进行分析，突出材料对观点的支撑或证明作用。

学生独立完成——小组讨论——全班交流

示例：洪战辉为什么能成为感动中国的人物？因为他努力拼搏，用双手撑起自己和妹妹的一片天。因为自立自强，他感动了万千国人。（评析）天行健，君子以自强不息。唯有自立自强，方能收获精彩人生。（论点）

设计意图

在明确材料的选择与使用的要求，以及论证需要符合逻辑的基础上，顺势引导学生练习围绕观点选择、加工材料进行片段写作。即：完成“六步三阶段”中第二阶段中的“变式练习，知识转化为技能”这一步。

活动二：中国有句俗话叫“近朱者赤，近墨者黑”，强调环境对人成长的影响，对此，你怎么看？请自定立意，自拟题目，写一篇议论文，不少于600字。

要求与提示：

1.选择一个合适的角度来立意，同时要表明自己的观点。（立论、驳论不限）

2.选择与观点一致的材料最好有事实论据，也有道理论据。

3.根据你的观点和材料列一个提纲与同学交流，在此基础上互相补充论据。

五、作业

中国有句俗话叫“近朱者赤，近墨者黑”，强调环境对人成长的影响，对此，你怎么看？请自定立意，自拟题目，写一篇议论文，不少于600字。

设计意图

在引导学生完成围绕观点选择加工材料进行片段写作的基础上，给出“近朱者赤，近墨者黑”的论题，引导学生课上列出作文提纲，确立自己的观点，选择材料和论证方法，课后成文对课堂教学内容进行了有效延伸。即完成“六步三阶段”中第三阶段中的“技能在新的情境中应用”这一步。

六、板书设计：

论证要合理

结构合理思路清晰

选择恰当的论证方法

论证符合逻辑

材料的选择与使用

（本文作者：天津市第五中学　雷佳）

（指导教师：孟凡云）

后记

随着我国现代化事业的发展，教育也取得了长足进步，可是现实教育还存在“唯分数、唯升学、唯文凭、唯论文、唯帽子”等价值导向扭曲的问题。新时代教育发展必然选择持续推动和深化课程与教学改革。2014年中华人民共和国教育部印发《关于全面深化课程改革，落实立德树人根本任务的意见》更是将改革的重心落到了建构“学生发展核心素养体系”上。《普通高中语文课程标准（2017年版）》首次提出语文学科核心素养。这就意味着未来一段时间，深化课程改革，贯彻落实语文学科核心素养将成为语文教育改革的主题。

语文学科核心素养提出后，随之需要教学改革跟进，需要构建育人导向的新语文教学模式。当然，在改革的过程中，语文“工具性”与“人文性”的关系问题，语文学科“情感性”与“逻辑性”的属性问题，教师“主导地位”与学生“主体地位”孰轻孰重的问题，也始终备受关注。实际上，无论是语文教育积极作用的深化还是各种问题的解决，都应当继续借助“课程改革”来实现。从宏观上来说，综合性课程体系建设的重要性自不待言。而从微观角度来考察，作为课程载体的“教材”本身，以及如何“用教材”教，如何进行每一节课的实施也都显得至关重要。

近年来，很多研究者与一线教师专注于课堂教学研究，以优化课堂教学为指向，对教材进行研究，从教材本身的编选到教学案例，包括教法、学法，无一不细致钻研，以期推进语文教学向纵深化发展，真正做到使语文教学体现人文精神和彰显生命力，使语文教学真正促进学生“语文学科核心素养”的提升以及“人生情怀”的养成。本书中收录中学语文生命课堂教学案例正是这种努力的体现，并呈现出以下特点。

1.本书在编选体例上，体现出整体性课程观。虽然教学案例类书籍不同于教材，并非由课文及相关语文教学内容组成，但教学设计的操作主体仍旧是教材中的内容。因此，本书在选取教学案例时也需要既保证案例类型的丰富性，即不同文体的课文及教学内容都有所涉及；也要保证纵观案例具有整体性，即整部书有一条明显的价值观线索。本书在编选上，涵盖初中、高中不同学段的内容，涉及小说、散文、古诗文、应用类文体及名著阅读、修辞指导、作文指导等多种类型，可谓具有多维性；而贯穿于全书的思想主线，则是“生命课堂”理念，也体现出整体性。

2.本书中的教学案例注重学生基础性语文能力的培养。关于语文“工具性”的问题可谓老生常谈，却又不得不谈。事实上，自语文课程改革以来，“工具性”与“人文性”偏废一端的情况早已得到重视，而在呼吁“人文性”的境况下，反倒是语文的“工具性”作用由于矫枉过正倾向的出现而遭到忽视。本书中的教学设计，在知识与能力目标的设定上，有针对性地帮助学生逐渐提高听说读写能力。这些能力的培养通过各种朗读体验、问题设置、文本研读、写作训练来完成，帮助学生循序渐进地建立起“语言建构与运用”能力，而这也促使学生完成了“语文学科核心素养”第一层面的能力建构。

3.这些教学案例在“教与学”的过程中能够促进学生思维的发展与提升。值得注意的是，本书中的一个基本“教学方法”是“六步三阶段”教学法。这种教学法以一种科学性的手段，帮助学生获取、巩固、应用知识。在这一“教与学”方法的运用中，学生能够形成一种更加条理化的思维方式。并且，这些教学设计并非只强调文学文本的朦胧性、含蓄性以及感性化特点，而是也在问题设置中引导学生通过理性思维在更加自由化的条件下进行独立思考，由此促进了学生“思维发展与提升”。这也帮助学生完成“语文核心素养”第二层面的能力建构。

4.教学案例有助于学生审美鉴赏与创造能力的发展，也可帮助学生深入理解中华民族优秀文化传统。可以说，书中的选取的案例是教材中颇具特点的文章，在教与学的过程中，教学设计者有意识地通过反复朗读、感受意象、精准炼字、情境再现，把捉言外之意，体味多重情感等方法，使学生在轻松愉悦的氛围中，打破那一层“隔膜”而触摸到真实文本，从而提升“审美鉴赏与创造”能力。并且在教与学的过程中，学生通过对不同时代背景下文章的反复体悟，也能够产生“文化传承与理解”之感，生发出文化认同感。这些则促进学生“语文核心素养”第三、四层面能力的生成。

可见，本书中的“生命课堂”教学案例体现出教师教育改革与探索的努力。当然，教育改革仍旧前路漫漫，如果教育者如果能够在此基础上，继续思考语文学科的本质属性与根本问题，继续对诸如如何多维度提升学生听说读写能力、如何在“理解性”与“批判性”兼容的阅读中锻炼“独立思考”的能力、如何与文本建立起真切且多维度的情感联系，在这些更加细微的问题上进行探寻，才能更进一步深化改革，帮助学生真正走进富有生命的语文学习生活，感受到一个无比精彩的世界。

所谓“不积跬步无以至千里，不积小流无以成江海”，本书正是为深化语文课程改革走出的那一小步，相信更多一线教师与研究者继续不断探索，终究会铸成教育里程碑式的转变。到那时，教师能够将更加丰富的课堂呈献给学生，而学生也能够由此获得“生命”的健全发展。